- De ti plager -

Liv i
ulydighed
og
Liv i
lydighed

Dr. Jaerock Lee

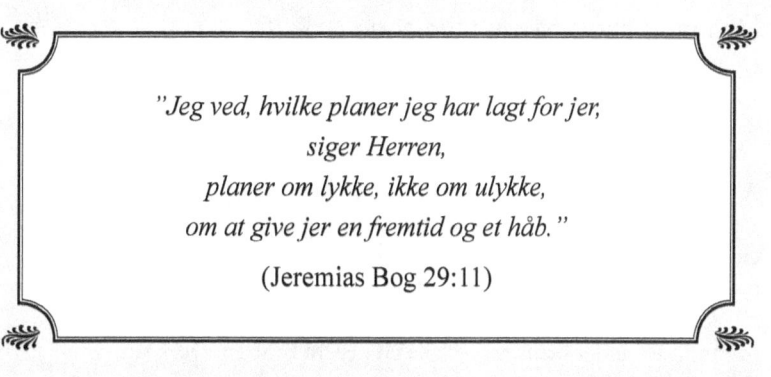

"Jeg ved, hvilke planer jeg har lagt for jer,
siger Herren,
planer om lykke, ikke om ulykke,
om at give jer en fremtid og et håb."

(Jeremias Bog 29:11)

Liv i ulydighed og Liv i lydighed af Dr. Jaerock Lee
Udgivet af Urim Books (Repræsentant: Sungnam Vin)
73, Yeouidaebang-ro 22-gil, Dongjak-gu, Seoul, Korea
www.urimbooks.com

Alle rettigheder er reserveret. Denne bog eller dele heraf må ikke reproduceres, lagres eller transmitteres på nogen måde, hverken elektronisk, mekanisk, som kopi eller båndoptagelse uden skriftlig tilladelse fra udgiveren.

Medmindre andet bemærkes er alle citater fra Bibelen, Det Danske Bibleselskab, 1997.

Copyright © 2020 ved Dr. Jaerock Lee
ISBN: 979-11-263-0553-7 03230
Oversættelses copyright © 2010 ved Dr. Esther K. Chung. Brugt med tilladelse.

Tidligere udgivet på koreansk af Urim Books, Seoul, Korea.

Første udgivelse februar 2020

Redigeret af Dr. Geumsun Vin
Design af forlaget Urim Books
Trykt af Prione Printing
For yderligere information, kontakt venligst: urimbook@hotmail.com

Forord

Borgerkrigen i USA havde nået sit højdepunkt, da den 16. præsident, Abraham Lincoln, udpegede den 30. april 1863 til en dag med faste og bøn.

"Den aktuelle frygtelige ulykke er måske straffen for vores forfædres synder. Vi har været for stolte af vores succes og vores velstand. Vi har været så stolte, at vi har glemt at bede til Gud, som skabte os. Vi må bekende nationens synder og bede om Guds nåde og medlidenhed med en ydmyg indstilling. Det er vores pligt som borger i USA."

Mange amerikanere undlod at spise i en dag og bad i faste, som den store leder havde opfordret dem til.

Lincoln bad ydmygt til Gud og reddede USA fra at gå i opløsning. Rent faktisk kan man finde løsninger på alle problemer hos Gud.

Budskabet er blevet prædiket af mange prædikanter gennem århundreder, men mange mennesker lytter ikke til Guds ord, og siger at de hellere vil tro på sig selv.

I dag er der usædvanlige temperaturforandringer og naturkatastrofer over hele verden. Til trods for den medicinske udvikling er der nye og behandlingsresistente sygdomme, som bliver stadig mere ondartede.

Folk kan måske nok have tiltro til sig selv. De kan lægge afstand mellem sig selv og Gud, men når vi ser nærmere på deres liv, kan vi ikke beskrive dem uden at nævne ord som angst, smerte, fattigdom og sygdom.

Et menneske kan miste sit gode helbred på et øjeblik. Nogle mennesker mister deres nærmeste familie eller hele deres opsparing på grund af en ulykke. Andre har måske problemer med forretninger og arbejde.

De klager måske og siger: "Hvorfor skulle dette ske for mig?" Men de kender ikke vejen ud af problemerne. Også mange troende lider under prøvelser og vanskeligheder, og kender ikke udvejen.

Men alt har en årsag. Alle problemer og vanskeligheder har en årsag.

De ti plager, som kom over Egypten, og de leveregler, som er optegnet i Anden Mosebog, giver nøglen til at løse alle former for problemer, som mennesker over hele jorden kan komme ud for.

Egypten henviser spirituelt set til denne verden, og læren om Egyptens ti plager kan anvendes af alle mennesker omkring på jorden selv i dag. Men der er ikke mange mennesker, som indser, at Guds vilje er indeholdt i de ti plager.

Da Bibelen ikke specifikt angiver, at der er ti plager, er der nogle mennesker, som siger, at der er elleve eller endda tolv.

Dette inkluderer, at Arons stav blev forvandlet til en slange. Men der sker jo ikke nogen stor skade ved at se en slange, så det er svært at inkludere dette som en plage.

Nogle mennesker inkluderer det god alligevel, fordi slangerne i ødemarken har en meget kraftig gift, som kan dræbe ethvert menneske med et enkelt bid, og fordi man kan føle sig yderst truet bare af at se en slange.

Det med de tolv plager inkluderer både staven, som blev forvandlet til en slange, og de egyptiske soldaters død i det Røde Hav. Da Israels folk endnu ikke havde krydset havet på det tidspunkt, er der nogle, der inkluderer denne hændelse som en plage. Det vigtigste er dog ikke antallet af plager, men derimod deres spirituelle betydning, og Guds forsyn, som er indbefattet i dem.

I denne bog portrætteres to liv som kontrast: Faraos liv, som blev levet i ulydighed overfor Guds ord, og Moses liv, som blev levet i lydighed. Dermed får vi et indtryk af Guds kærlighed og hans endeløse medfølelse, hvorigennem han lader os kende vejen til frelse ved jødernes påskefest, loven om omskæring og betydningen af festen med usyrnede brød.

Farao var vidne til Guds kraft, men var alligevel ulydig, og hans tilstand blev uomstødelig. Men israelitterne blev frelst fra alle katastroferne, fordi de adlød.

Gud fortæller os om de ti plager for at lade os indse, hvorfor vi bliver udsat for prøvelser og tests, sådan at vi kan løse alle livets problemer og leve et liv uden nogen form for katastrofe.

Desuden fortæller han os om de velsignelser, som vil komme over os, når vi adlyder, fordi han vil, at vi skal opnå det himmelske rige som hans børn.

De mennesker, som læser denne bog, vil blive i stand til at finde nøglen til at løse alle livets problemer. De vil kunne stiller deres tørst ligesom regnen efter en lang tørke, og de vil lade sig guide til at få svar og velsignelser.

Jeg takker Geumsun Vin, direktør for forlaget, og alle medarbejdere, som har gjort denne udgivelse mulig. Jeg beder i Herre Jesu Kristi navn om, at alle læserne vil føre et liv i lydighed, sådan at de vil få Guds forbløffende kærlighed og velsignelser.

Juli 2007

Jaerock Lee

Indholdsfortegnelse

Forord

Om liv i ulydighed · 1

Kapitel 1
De ti plager, som blev påført Egypten · **3**

Kapitel 2
Liv i ulydighed og plager · **17**

Kapitel 3
Plagerne af blod, frøer og myg · **29**

Kapitel 4
Plagerne af fluer, kvægpest og bylder · **47**

Kapitel 5
Plagerne af hagl og græshopper · **63**

Kapitel 6
Plagerne af mørke og den førstefødtes død · **77**

Om liv i lydighed · 89

Kapitel 7
Påske og vejen til frelse · **91**

Kapitel 8
Omskæring og Nadver · **105**

Kapitel 9
Flugten fra Egypten og festen med usyrnet brød · **121**

Kapitel 10
Liv i lydighed og velsignelser · **133**

Om liv i *ulydighed*

Men hvis du ikke adlyder Herren din Gud
og omhyggeligt følger alle hans befalinger og love,
som jeg giver dig i dag, så skal alle disse forbandelser
komme over dig og nå dig:
Forbandet være du i byen,
og forbandet være du på marken.
Forbandet være din kurv og dit dejtrug.
Forbandet være frugten af dine moderliv
og frugten af din jord, dine oksers afkom og dine fårs tillæg.
Forbandet være du, når du kommer hjem,
og forbandet være du, når du går ud
(Femte Mosebog 28:15-19).

Kapitel 1

De ti plager, som blev påført Egypten

Anden Mosebog 7:1-7

Da sagde Herren til Moses: "Se, jeg gør dig til gud for Farao, og Aron, din bror, skal være din profet. Alt det, jeg befaler dig, skal du sige, og din bror Aron skal tale til Farao, så han lader israelitterne gå ud af sin land. Men jeg vil gøre Faraos hjerte hårdt, og jeg vil gøre mange tegn og undere i Egypten. Når Farao så ikke vil høre på jer, vil jeg lægge min hånd på Egypten og føre mine hærskarer, mit folk israelitterne, ud af Egypten under svære straffedomme. Egypterne skal forstå, at jeg er Herren, når jeg løfter min hånd imod Egypten og fører israelitterne bort fra dem." Moses og Aron gjorde, sådan som Herren havde befalet dem. Moses var firs år, og Aron treogfirs, da de talte til Farao.

Alle har ret til at være lykkelige, men der er ikke mange mennesker, som rent faktisk føler sig lykkelige. I nutidens verden, der er fuld at ulykker, katastrofer og kriminalitet, er det vanskeligt at garantere noget menneskes lykke.

Men der er én, som ønsker højere end nogen anden, at vi skal opleve lykke. Det er vores Fader Gud, som skabte os. De fleste forældre ønsker mere end noget andet, at deres børn skal være lykkelige. Vor Fader Gud elsker os mere end nogen forældre, og han har et højere ønske om at velsigne os end nogen far eller mor.

Hvordan kunne denne Gud nogensinde ønske, at hans børn skulle lide under fortvivlelse eller opleve katastrofer? Intet ville ligge længere fra ham.

Hvis vi er i stand til at indse den spirituelle betydning af de ti plager, og gennemskue Guds forsyn, som er indlejret i dem, så kan vi opdage vejen til at undgå katastrofer. Selv om vi befinder os midt i en katastrofe, kan vi finde eller blive vist udvejen og fortsætte på vejen til velsignelser.

Der er mange mennesker, som siger, at de ikke tror på Gud, men som alligevel beklager sig til Gud, når de kommer i vanskeligheder. Selv blandt de troende er der nogle, som ikke forstår Guds hjerte, når de udsættes for prøvelser. De mister bare modet og bliver fortvivlede.

Job var østens rigeste mand. Men da katastrofen ramte ham, forstod han først ikke Guds vilje. Han talte, som om han havde forventet det, der skete. Dette beskrives i Jobs Bog 2:10. Han sagde, at når han havde modtaget Guds velsignelser, så var der også risiko for, at han ville opleve ulykker. Men han forstod ikke, at Gud ikke giver velsignelser og ulykker uden årsag eller motiv.

Guds planer for os er aldrig ulykke, men derimod fred. Før vi ser nærmere på de ti plager, som blev påført Egypten, må vi tænke over situationen og omstændighederne på daværende tidspunkt.

Israelitternes oprindelse

Israelitterne er Guds udvalgte folk. Vi kan se Guds forsyn og vilje i deres historie. Israel var det navn, som blev givet til Jakob, Abrahams barnebarn. Israel betyder: *"Du har kæmpet med Gud og mennesker, og du har sejret"* (Første Mosebog 32:28).

Isak var søn af Jakob, og havde selv tvillingesønner. De hed Esau og Jakob. Usædvanligt nok holdt den anden søn, Jakob, fast i sin bror Esaus hæl, da de blev født. Jakob ville have retten som førstefødt i stedet for sin tvillingebror Esau.

Jakob købte senere fødselsretten af Esau med lidt brød og en linseret. Han bedragede også sin fader, Isak, for at få den velsignelse, som Esau skulle have haft.

I dag tænker folk meget anderledes, og man efterlader ikke kun arv til sine sønner, men også til sine døtre. Men førhen fik den første søn normalt hele arven fra fædrene. Dette var også tilfældet i

Israel, og det var derfor en stor velsignelse at være den første søn. Bibelen fortæller os, at Jakob tog denne velsignelse som den første søn på en bedragerisk måde. Men han længtes i virkeligheden efter at få Guds velsignelse. Han måtte dog gennemgå mange former for vanskeligheder, før han til sidst kunne få velsignelserne. Først måtte han flygte fra sin bror. Så måtte han tjene sin onkel Laban i tyve år, og mens han gjorde dette blev han jævnligt bedraget og snydt af ham.

Da Jakob kom tilbage til sin hjemby, var han i en livstruende situation, fordi hans bror stadig var vred på ham. Jakob måtte gennemgå alle disse vanskeligheder, fordi han havde en bedragerisk natur og søgte din egen fordel og vinding.

Men han var mere gudfrygtig end andre mennesker, så han nedbrød sit ego gennem alle disse prøvelser. Dermed fik han endelig Guds velsignelse, og nationen Israel blev dannet gennem hans tolv sønner.

Baggrunden for flugten fra Egypten og Moses' fremkomst

Hvorfor levede Israelitterne som slaver i Egypten?

Jakob, Israels fader, viste forkærlighed for sin ellevte søn, Josef. Josef var søn af Rakel, som var Jakobs mest elskede kone. Dette fik Josefs halvbrødre til at være skinsyge på ham, og Josef blev til sidst solgt som slave til Egypten af sine brødre.

Josef frygtede Gud og handlede med integritet. Han gik med Gud i alt, og kun tretten år efter at han blev solgt til Egypten, blev han landets leder efter kongen.

Der var alvorlig tørke i Nærøsten, men med hjælp fra Josef flyttede Jakob og hans familie til Egypten. Egypten blev reddet fra den alvorlige tørke med Josefs visdom, og Farao og de øvrige egyptere behandlede derfor familien godt og gav dem jord i Goshen.

Efter mange generationer var Israelitternes antal øget. Egypterne følte sig truede. Det var flere hundrede år siden, at Josef var død, og de havde allerede glemt det, han havde gjort for landet.

Egypterne begyndte at forfølge israelitterne og gøre dem til slaver. Israelitterne blev tvunget til at udføre det hårde arbejde.

For at forhindre israelitterne i at øges i antal befalede Farao desuden de hebræiske jordmødre at slå alle de nyfødte drengebørn ihjel.

Moses, som var leder af flugten fra Egypten, blev født i denne mørke tid.

Hans mor så, at han var et smukt barn, og skjulte ham i tre måneder. Da det ikke længere kunne lade sig gøre at skjule ham, lagde hun ham i en sivkurv og satte den ned blandt sivene ved Nilens bred.

Da kom Egyptens prinsesse ned til Nilen for at bade. Hun så kurven, fik babyen taget op, og ønskede at beholde ham. Moses' søster havde set det hele, og hun var hurtig til at anbefale

Jokebed, Moses rigtige mor, som amme. På denne måde voksede Moses op hos sin egen mor.

Han lærte naturligvis om Abrahams, Isaks og Jakobs Gud, og om israelitterne.

Da Moses voksede op i Faraos slot, blev han også undervist i forskellige discipliner, som kunne forberede ham på at være leder. Samtidig lærte han om sit folk og om Gud. Og hans kærlighed til både Gud og folket voksede.

Gud valgte Moses som leder for flugten fra Egypten, og lige fra fødslen blev han undervist i lederskab og kontrol.

Moses og Farao

En dag indtraf der en hændelse, som blev et vendepunkt i Moses' liv. Han havde altid sit folk i tankerne, og det bekymrede ham, at de arbejdede og led som slaver. En dag så han en egypter slå en hebræisk mand. Han kunne ikke kontrollere sin vrede og dræbte egypteren på stedet. Da Farao hørte om dette, måtte Moses straks flygte.

Moses måtte tilbringe de efterfølgende fyrre år som fårehyrde i ødemarken. Alt dette var Guds forsyn for at forberede ham som leder for flugten fra Egypten. Under de 40 år, hvor han vogtede får for sin svigerfar i ødemarken, forsagede han fuldstændig sin værdighed som prins af Egypten, og blev en meget ydmyg mand.

Først efter alt dette kunne Gud kalde Moses som leder for flugten fra Egypten.

Moses sagde til Gud: "Hvem er jeg, at jeg skulle gå til Farao og føre israelitterne ud af Egypten?" (Anden Mosebog 3:11).

Da Moses havde vogtet får i fyrre år, havde han ikke stor selvsikkerhed. Men Gud kendte hans hjerte og viste ham mange tegn, såsom at forvandle en stav til en slagen, for at få Moses til at gå til Farao og overlevere Guds befaling.

Moses var fuldkommen ydmyg, og adlød Guds befaling. Men Farao var til forskel fra Moses en stædig mand med at hårdt hjerte.

Et menneske med at hårdt hjerte ændrer sig ikke, selv om vedkommende ser mange af Guds gerninger. I en velkendt lignelse, som Jesus fortæller i Matthæusevangeliet 13:18-23, sammenlignes dette med at så sin sæd på en vej. Vejen er hård, fordi folk går på den. De mennesker, som har et hårdt hjerte, er ikke modtagelige, og vil ikke forandre sig, selv om de ser Guds gerninger.

På den tid havde egypterne en stærk karakter, og de var modige som løver. Deres regent, Farao, havde den absolutte magt og anså sig selv for en gud. Folk tjente ham også, som om han var guddommelig.

Moses talte om Gud til et folk, der havde denne form for verdensforståelse. De kendte intet til den Gud, som Moses talte om, og som befalede Farao at lade israelitterne gå. Så det var tydeligvis vanskeligt for dem at lytte til Moses.

De havde desuden stor fordel af israelitternes tvangsarbejde, og det gjorde det endnu vanskeligere for dem at acceptere det, som Moses sagde.

I dag er der også mange mennesker, som kun har øje for deres egen viden, berømmelse, magt og velstand. De søger egen vinding og stoler kun på egne evner. De er arrogante og deres hjerter er hårde.

Farao og egypterne havde hårde hjerter. Så de adlød ikke Guds vilje, som Moses viderebragte til dem. De var ulydige indtil det sidste, og til slut blev de slået ihjel.

Men selv om Farao havde et hårdt hjerte, så tillod Gud ikke store plager i starten.

Som der står: *"Herren er nådig og barmhjertig, sen til vrede og rig på troskab"* (Salmernes Bog 145:8). Gud viste dem flere gange sin magt gennem Moses. Gud ville, at de skulle anerkende ham og adlyde ham. Men dette hærdede Faraos hjerte endnu mere.

Gud, som ser alle menneskers hjerte og sind, talte til Moses og lod ham vide alt, hvad han ville gøre.

Men jeg vil gøre Faraos hjerte hårdt, og jeg vil gøre mange tegn og undere i Egypten. Når Farao så ikke vil høre på jer, vil jeg lægge min hånd på Egypten og føre mine hærskarer, mit folk israelitterne, ud af Egypten under svære straffedomme. Egypterne skal forstå, at jeg er Herren, når jeg løfter min hånd imod Egypten og fører israelitterne bort fra dem (Anden Mosebog 7:3-5).

Faraos hårde hjerte og de ti plage

I beskrivelsen af flugten fra Egypten kan vi flere gange finde udtrykket *"Herren gjorde Faraos hjerte hårdt"* (Anden Mosebog 7:3).

Opfatter man det bogstaveligt, virker det som om, Gud overlagt gjorde Faraos hjerte hårdt, og man kan måske misforstå det sådan, at Gud handlede som en diktator. Men det er ikke sandt.

Gud vil, at alle skal opnå frelse (Første Timotheusbrev 2:4). Han vil, at selv de mennesker, som har de mest hærdede hjerter, skal indse sandheden og opnå frelse.

Dette er kærlighedens Gud; han ville aldrig hærde Faraos hjerte overlagt for at opnå herlighed. Desuden kan vi se, at Gud gentagne gange sendte Moses til Farao, og vi kan forstå, at Gud ville, at Faraoen og alle andre skulle forandre deres hjerter og adlyde ham.

Gud gør alt med orden, kærlighed og retfærdighed, og følger Bibelens ord.

Hvis vi gør det onde og ikke lytter til Guds ord, så vil den djævlen, vores fjende, anklage os. Det er derfor, der kommer prøvelser og vanskeligheder over os. De mennesker, som adlyder Guds ord og lever i retfærdighed, vil få velsignelser.

Vi mennesker vælger vores handlinger med egen fri vilje. Gud forudbestemmer ikke, hvem der vil få velsignelser, og hvem der ikke vil. Havde Gud ikke været kærlighedens og retfærdighedens Gud, ville han have påført Egypten en stor plage lige fra begyndelsen for at få Farao til at føje sig.

Men Gud ønsker ikke en tvungen lydighed, som kommer af frygt. Han vil, at menneskene skal åbne deres hjerter og adlyde ham af egen fri vilje.

Først lader han os kende sin vilje, og derefter viser han os sin magt, sådan at vi kan adlyde. Men når vi ikke adlyder, begynder han med mindre problemer for at lade os opnå indsigt og få os til at finde os selv.

Den almægtige Gud kender menneskenes hjerter. Han ser det, når ondskaben afslører sig, og ved, hvordan vi kan skille os af med ondskab, og hvordan vi kan få løsninger på vores problemer.

Han vejleder os på den bedste måde og anvender de bedste metoder for at lade os blive hellige børn af Gud.

Fra tid til anden lader han os teste med ting, som vi kan overkomme. Det er en metode til at få os til at finde ondskaben i os og skille os af med den. Når vores sjæle trives, lader han alt gå godt for os og giver os et godt helbred.

Faraoen skilte sig dog ikke af med sin ondskab, selv om den blev afsløret. Han hærdede sit hjerte og blev ved med at være ulydig overfor Guds ord. Da Gud kendte Faraos hjerte, lod han det blive afsløret gennem plagerne. Det er derfor, der står i Bibelen, at Gud hærdede Faraos hjerte.

At have et hårdt hjerte betyder normalt at personens karakter er nøjeregnende og stædig. Men det, som Bibelen henviser til i Faraos tilfælde, er ikke kun at være ulydig overfor Guds ord med ondskab, men også at gøre modstand mod Gud.

Som tidligere nævnt levede Farao et meget jeg-orienteret liv, og han anså endda sig selv for at være en gud. Alle mennesker adlød ham, og han havde ikke noget at frygte. Hvis han havde haft et godt hjerte, ville han have troet på Gud, når han så de kraftfulde gerninger, som blev manifesteret af Moses, selv om han ikke tidligere havde kendt til Gud.

Nebukadnesar i Babylon, som levere fra 605 til 562 før Kristus, kendte for eksempel ikke noget til Gud, men da han så Guds kraft, som blev manifesteret gennem Daniels tre venner Shadrak, Meshak og Abed-Nego, anerkendte han Gud.

Nebukadnesar sagde: "Lovet være Shadraks, Meshaks og Abed-Negos Gud, som sendte sin engel og reddede sine tjenere, fordi de satte deres lid til ham og overtrådte kongens ordre; de ville hellere prisgive sig selv end dyrke og tilbede nogen anden gud end deres egen. Denne befaling udsteder jeg til alle folk, stammer og tungemål: Enhver, der udtaler en forhånelse mod Shadraks, Meshaks og Abed-Negos Gud, skal sønderlemmes, og hans hus skal lægges i grus, for der er ingen anden gud, der kan redde som han" (Daniels Bog 3:28-29).

Shadrak, Meshak og Abed-Nego blev bragt til et ikke-jødisk land som fanger i ung alder. Men da de adlød Guds befalinger, ville de ikke bukke for kongens guldstøtte. Som straf blev de smidt ind i en ovn med flammende ild. De tog dog ingen skade, og der blev ikke svedet så meget som et hår på deres hoved. Da Nebukadnesar så dette, anerkendte han straks den levende Gud.

Han ikke alene anerkendte den almægtige Gud, da han så Guds gerning, som overgik enhver menneskelig evne; han ærede også Gud overfor hele folket.

Farao anerkendte dog ikke Gud, selv efter at han havde set hans kraftfulde gerninger. Han hærdede i stedet sit hjerte endnu mere. Først da han havde lidt under ikke bare en eller to, men hele ti plager, lod han israelitterne gå.

Men hans hærdede hjerte var dog ikke til at ændre, og han fortrød straks, at han havde ladet dem gå. Han fulgte derfor efter dem med sin hær, og til sidst døde han sammen med hæren i det Røde Hav.

Israelitterne var under Guds beskyttelse

Selv om hele Egypten blev påført plager, led israelitterne ikke under dem, til trods for at de også befandt sig i Egypten. Det skyldtes, at Gud gav sin helt særlige beskyttelse til egnen Goshen, hvor israelitterne boede.

Hvis Gud beskytter os, kan vi være trygge selv under store katastrofer og ulykker. Og selv om vi bliver syge eller står overfor vanskeligheder, kan vi bliver helbredt og overvinde problemerne med Guds kraft.

Israelitterne blev ikke beskyttet, fordi de havde tro og var retfærdige, men fordi de var Guds udvalgte folk. Til forskel fra egypterne, søgte de Gud i deres lidelser, og da de anerkendte ham, kunne de få hans beskyttelse.

På samme måde kan vi blive beskyttet fra de ulykker, som overgår ikke-troende, hvis bare vi er blevet Guds børn. Dette gælder også, selv om vi stadig har nogle former for ondskab i os.

Det skyldes, at vi bliver tilgivet vores synder ved Jesus Kristi blod, når vi bliver Guds børn. Vi er derfor ikke længere børn af djævlen, som påfører os prøvelser og ulykker.

Desuden vil vi efterhånden som vores tro vokser, blive bedre til at overholde Herrens dag, skille os af med ondskab og adlyde Guds ord, og dermed kan vi opnå Guds kærlighed og velsignelser.

> *"Og nu, Israel, hvad andet kræver Herren dig Gud af dig, end at du skal frygte Herren din Gud, vandre ad alle hans veje og elske ham og tjene Herren din Gud af hele dit hjerte og af hele din sjæl, så du holder Herrens befalinger og hans love, som jeg giver dig i dag, til bedste for dig selv"* (Femte Mosebog 10:12-13).

Kapitel 2

Liv i ulydighed og plager

Anden Mosebog 7:8-13

Herren sagde til Moses og Aron: "Når Farao siger til jer, at I skal gøre et under, skal du sige til Aron: Tag din stav, og kast den foran Farao! Den skal blive til en slange." Så gik Moses og Aron til Farao og gjorde, sådan som Herren havde befalet; Aron kastede sin stav foran Farao og hans hoffolk, og den blev til en slange. Men Farao tilkaldte vismændene og troldmændene, og Egyptens mirakelmagere gjorde det samme med deres hemmelige kunster; de kastede hver sin stav, og stavene blev til slanger. Men Arons stav slugte deres stave. Alligevel gjorde Farao sig hård og ville ikke høre på dem, sådan som Herren havde sagt.

Karl Marx afviste Gud. Han grundlagde kommunismen på basis af materialismen. Hans teori var skyld i, at utallige mennesker forlod Gud. Det så ud som om, hele verden hurtigt ville indrette sig efter kommunismen. Men den kollapsede efter mindre end 100 år.

Marx led under mange problemer i sit privatliv såsom psykisk usikkerhed og hans børns tidlige død.

Friedrish W. Nietzsche, som sagde Gud er død, påvirkede mange mennesker til at gå op imod Gud. Men han blev hurtigt vanvittig af angst, og hans liv fik en tragisk afslutning.

Vi kan se, at de mennesker, som går imod Gud og er ulydige overfor hans ord, lider under vanskeligheder, er der ligesom plager, og de har frygtelig elendige liv.

Forskellen mellem plager, prøvelser, prøver og trængsel

Troende eller ej, alle mennesker kan komme ud for større eller mindre problemer i deres liv. Det skyldes, at vores liv leves under Guds forsyn for den menneskelige kultivering, som er rettet mod at give Guds sande børn.

Gud gav os kun alt det gode. Men da synden kom ind i menneske på grund af Adams ulydighed, kom verden under djævlens og Satans kontrol. Fra da af begyndte mennesker at lide under forskellige vanskeligheder og sorger.

På grund af had, vrede, begærlighed, arrogance og utro sind

begyndte folk at begå synder. Alt efter syndernes alvor kom de til at lide under forskellige former for prøvelser, som blev dem påført af djævlen og Satan.

Når folk kommer ud for vanskeligheder, siger de ofte, at det er en ulykke. Og når troende står overfor besværligheder, kan de bruge en terminologi, der indeholder ord som "prøve", "prøvelse" eller "trængsel."

I Bibelen står der også: *"Og ikke alene det; vi er også stolte af vore trængsler, fordi vi ved, at trængslen skaber udholdenhed, udholdenhed fasthed, og fastheden håb"* (Romerbrevet 5:3-4).

Alt efter om man lever ved sandheden, og alt efter den enkeltes mål af tro, kan der være tale om ulykker, plager, prøvelser eller trængsler.

Hvis for eksempel et menneske har tro, men ikke handler efter det ord, som han har lyttet til utallige gange, så kan Gud ikke beskytte ham fra lidelser og forskellige former for vanskeligheder. Dette kan kaldes trængsler. Hvis han desuden forsager sin tro og handler i usandhed, så vil han komme til at lide under plager eller katastrofer.

Hvis en person lytter til ordet og forsøger at praktisere det, men ikke fuldt ud lever efter ordet nu og her, så må han gennemgå en proces, hvor han kæmper mod sin egen syndefulde natur. Når et menneske møder mange former for vanskeligheder, som får ham til at kæmpe mod sine synder til blodet flyder, så siger Bibelen, at han lider under trængsler, eller at han bliver disciplineret. Mange af de vanskeligheder, han møder, vil være trængsler.

En prøve er en anledning til at undersøge, om ens tro er vokset. Når et menneske forsøger at leve ved ordet, vil det komme ud for prøver. Hvis et menneske går bort fra sandheden og bliver udsat for Guds vrede, vil han komme ud for trængsler eller plager.

Årsager til plager

Når en person overlagt begår synder, må Gud vende ansigtet bort fra ham. Og så kan den fjendtlige djævel og Satan bringe plager over vedkommende. Plagerne kommer i den udstrækning, man har været ulydig overfor Guds ord.

Hvis man ikke omvender sig, men fortsætter med at synde, selv efter at man er blevet udsat for plager, så vil man lide under endnu større plager, sådan som det var tilfældet med de Ti Plager i Egypten. Men hvis man angrer og omvender sig, vil plagerne snart forsvinde ved Guds nåde.

Folk lider under plager på grund af deres ondskab, men de lidende kan inddeles i to grupper.

Den ene gruppe kommer til Gud og forsøger at angre og omvende sig gennem plagerne. Men den anden gruppe klager sig stadig til Gud og siger: "Jeg er flittig kirkegænger, jeg beder og jeg giver tiende, så hvorfor må jeg lide under denne plage?"

Resultaterne vil være meget forskellige for de to grupper. I det første tilfælde vil plagen blive taget fra folk og Guds nåde vil komme over dem. Men i det andet tilfælde indser folk ikke problemets årsag, så de vil blive udsat for endnu større plager.

I den udstrækning et menneske har ondskab i hjertet, vil det være vanskeligt for ham at indse sine fejl og at omvende sig. Et sådant menneske har et så hærdet hjerte, at han ikke åbner hjertets dør, efter at han har hørt budskabet. Selv om han kommer ind i troen, vil han ikke forstå Guds ord; han vil bare gå i kirke, men vil ikke ændres gennem det, han lærer.

Så hvis man lider under en plage, må man indse, at man har gjort noget, som ikke har været passende i Guds øjne, og man må hurtigt omvende sig og undslippe plagen.

Gud giver chancer

Farao afviste Guds ord, som blev overbragt til ham gennem Moses. Han omvendte sig ikke, da landet blev påført en mindre plage, så han måtte lide under større plager. Da han fortsatte med at gøre det onde og være ulydig mod Gud, blev hele hans land så svagt, at det ikke kunne genoprettes. Til sidst gik han et tragisk endeligt i møde. Han var bestemt et tåbeligt menneske!

Derefter gik Moses og Aron til Farao og sagde: "Dette siger Herren, Israels Gud: Lad mit folk gå, så de kan fejre min fest i ørkenen" (Anden Mosebog 5:1).

Da Moses bad Farao om at lade israelitterne gå i overensstemmelse med Guds ord, afslog han med det samme.

> *Men Farao svarede: "Hvem er Herren, som jeg skulle adlyde, så jeg lod israelitterne gå? Jeg kender ikke Herren, og jeg vil ikke lade israelitterne gå!"* (Anden Mosebog 5:2).

> *Så sagde de: "Hebræernes Gud har mødt os. Lad os få lov til at gå tre dagsrejser ud i ørkenen og ofre til Herren vores Gud, for at han ikke skal ramme os med pest eller sværd"* (Anden Mosebog 5:3).

Da Farao hørte det, som Moses og Aron havde at sige, beskyldte han på uretfærdig vis israelitterne for at være dovne og kun have tanke for andre ting end deres arbejde. Og han forfulgte dem med endnu strengere tvangsarbejde. Israelitterne havde tidligere fået hakkelse til at lave teglsten, men nu måtte de lave det samme antal teglsten, selv om de ikke fik nogen hakkelse. Det havde været vanskeligt for israelitterne at lave det ønskede antal selv med hakkelsen, men nu gav Farao dem ikke længere nogen form for hjælp. Deraf kan vi se, hvor hårdt Faraos hjerte var.

Efterhånden som israelitternes tvangsarbejde blev hårdere, begyndte de at brokke sig til Moses. Men Gud sendte igen Moses til Farao for at vise tegn. Gud gav Farao, som var ulydig overfor Guds ord, en mulighed for at angre ved at demonstrere sin magt.

> *Så gik Moses og Aron til Farao og gjorde, sådan som Herren havde befalet; Aron kastede sin stav foran Farao og hans hoffolk, og den blev til en slange* (Anden Mosebog 7:10).

Gennem Moses forvandlede Gud en stav til en slange for at vidne om den levende Gud for Farao, som ikke kendte Gud.

I spirituel betydning henviser en slange til Satan, så hvorfor forvandlede Gud staven til en slange?

Den jord, som Moses stod på, og den stav, der blev forvandlet, tilhørte denne verden. Og denne verden tilhører djævlen, vores fjende, og Satan. Gud forvandlede staven til en slange for at symboliserer dette. Dermed fortæller han os, at de mennesker, som ikke opfører sig rigtigt i Guds øjne, til enhver tid vil blive udsat for Satans gerning.

Faraoen satte sig op mod Gud, og Gud kunne dermed ikke velsigne ham. Det var derfor, Gud fik en slange til at fremkomme; den repræsenterede Satan. Dette var et forvarsel om, at Satan ville udføre sin gerning. De følgende plager i form af blod, frøer og myg var alle sammen Satans gerning.

En stav, der bliver forvandlet til en slange er en lille ting, som finder sted for at sensitive mennesker skal blive opmærksomme. Det er en handling, som nogle vil tilskrive et tilfælde. Og der sker ikke nogen reel skade. Men det er den chance for at angre, som er givet af Gud.

Liv i ulydighed og plager · 25

Farao tilkalder Egyptens mirakelmagere

Da Farao så Arons stav blive til en slange, tilkaldte han Egyptens vismænd og mirakelmagere. De var på paladset og udførte deres kunster for at underholde Farao og hoffet. Og på denne måde fik de stadig mere betydningsfulde positioner. I mange tilfælde havde de arvet positionerne fra deres forfædre, så de var faktisk født ind i stillingerne.

Selv i dag er der nogle tryllekunstnere, som går igennem den Kinesiske Mur for øjnene af mange mennesker, eller som får Frihedsgudinden til af forsvinde. Der er også mennesker, som træner sig selv med yoga gennem lang tid, og bliver i stand til at sove på en tynd gren eller opholde sig i en spand i dagevis.

Nogle af disse tryllekunstneres numre er bare synsbedrag. Men de træner sig selv til at gøre utrolige ting. Så de mirakelmagere, som gennem generationer havde optrådt for Farao, må have været langt mere kraftfulde! Og de kan eventuelt have udviklet sig til at have kontakt med onde ånder.

Nogle mirakelmagere i Korea har kontakt med dæmoner, og de danser på skarpe knivblade fra græsslåmaskiner uden overhovedet at komme til skade. Faraos mirakelmagere havde også kontakt med onde ånder, og viste mange forskellige forbløffende tricks.

Mirakelmagerne i Egypten havde trænet sig selv gennem lang tid, og gennem illusioner og tricks fik de deres stave, som de smed på jorden, til at se ud som slanger.

De mennesker, som ikke anerkender den levende Gud.

Da Moses smed sin stav og den forvandlede sig til en slange, tænkte Farao straks, at Gud rent faktisk eksisterede, og at Israels Gud var den sande Gud. Men da han så mirakelmagerne lave en slange, holdt han op med at tro.

De slanger, som mirakelmagerne lavede, blev ædt af den slange, der var fremkommet af Arons stav, men Farao mente, at det bare var et tilfælde.

I troen er der ikke nogen tilfælde. Men hvis en ny troende kun lige har taget imod Herren, kan Satan udføre mange gerninger, som forstyrre ham i troen på Gud. Og der er mange mennesker, som tror, at der er tale om tilfælde.

Der er også nogle troende, som netop har taget imod Herren, der får løst deres problemer. I begyndelsen anerkender de Guds kraft, men som tiden går, begynder de at tro, at det har været et tilfælde.

Ligesom Farao så, hvordan Gud forvandlede staven til en slange med sin gerning, men alligevel ikke anerkendte Gud, så er der mennesker, som ikke anerkender den levende Gud, men som bare tror, at alt er et tilfælde, selv efter at de har oplevet Guds gerning.

Liv i ulydighed og plager · 27

Nogle mennesker tror fuldt ud på Gud bare ved at opleve hans gerning en enkelt gang. Andre anerkender først Gud, men senere tror de, at de har løst problemerne ved egen evne, viden, erfaring eller gennem hjælp fra andre, og de anser Guds gerning for at være et tilfælde.

Så kan Gud ikke gøre andet end at vende ansigtet bort fra dem. Og som følge kan det problem, der ellers var blevet løst, blive til et problem igen.

I tilfælde af en sygdom, der ellers var blevet helbredt, kan der komme tilbagefald, eller sygdommen kan blive endnu mere alvorlig. I tilfælde af forretningsproblemer, kan de vokse til hidtil uset størrelse.

Når vi anser Guds svar for et tilfælde, så vil vi komme på afveje fra vores Gud. Og så kan det samme problem komme igen eller vi kan få endnu større vanskeligheder.

Farao anså på samme måde Guds gerning for et tilfælde, og så begyndte han for alvor at lide under plager.

Alligevel gjorde Farao sig hård og ville ikke høre på dem, sådan som Herren havde sagt (Anden Mosebog 7:13).

Kapitel 3

Plagerne af blod, frøer og myg

Anden Mosebog 7:20-8:19

Moses og Aron gjorde, sådan som Herren havde befalet. Han løftede staven og slog på vandet i Nilen for øjnene af Farao og hans hoffolk, og alt vand i Nilen forvandledes til blod (7:20).

Så sagde Herren til Moses: "Sig til Aron, at han skal række sin hånd med staven ud over flodløbende, kanalerne og sumpene og få frøerne til at kravle ud over hele Egypten." Aron rakte sin hånd ud over vandet i Egypten, så frøerne kravlede op og dækkede Egypten (8:1-2).

Herren sagde til Moses: "Sig til Aron, at han skal række sin stav ud og slå i støvet på jorden; det skal blive til myg overalt i Egypten." Det gjorde de; Aron rakte sin hånd ud og slog med staven i støvet på jorden, så der kom myg over mennesker og dyr. Alt støv på jorden blev til myg overalt i Egypten (8:12-13).

Og mirakelmagerne sagde til Farao: "Det er Guds finger!" Men Farao gjorde sig hård og ville ikke høre på dem, sådan som Herren havde sagt (8:15).

Gud sagde til Moses, at Faraos hjerte ville blive hærdet, og at han ville afvise at lade israelitterne gå selv efter at han havde set staven blive forvandlet til en slange. Og så fortalte Gud detaljeret Moses, hvad han skulle gøre.

I morgen tidlig skal du gå til Farao, når han går ned til floden, og så skal du stille dig foran ham på Nilens bred. Staven, som blev forvandlet til en slange, skal du tage med dig (Anden Mosebog 7:15).

Moses mødtes med Farao, som gik ved Nilen. Moses overleverede Guds ord og holdt den stav, som var blevet forvandlet til en slange, i hånden.

Du skal sige til ham [Farao]: "Herren, hebræernes Gud, sendte mig til dig med en besked: "Lad mit folk gå, så de kan dyrke mig i ørkenen." Endnu har du ikke villet høre. Men dette siger Herren: Ved dette tegn skal du forstå, at jeg er Herren: Med staven, jeg har i hånden, vil jeg slå på vandet i Nilen, og det vil blive forvandlet til blod. Fiskene i Nilen vil dø, Nilen vil komme til at stinke, og egypterne vil ikke kunne drikke vandet fra Nilen" (Anden Mosebog 7:16-18).

Plagen af blod

Vand er en af de ting, der er tættest på os og som er direkte relateret til vores liv. Halvfjers procent af den menneskelige krop består af vand; det er en fuldkommen essentiel ting for alle levende væsener.

I dag er der mange lande, som lider af vandmangel på grund af den øgede befolkning og den økonomiske udvikling. De Forenede Stater har oprettet en verdensomspændende "Vand-dag" for at gøre opmærksom på vigtigheden af vand. Dette skal tilskynde folk til at gøre god brug af de begrænsede vandressourcer.

I det antikke Kina var der en minister for kontrol af vand. Vi kan tit få øje på vand alle steder omkring os, men vi er ofte ikke opmærksomme på den relativt store betydning, som vandet har for vores liv.

Det ville være et enormt problem, hvis alt vandet i vores land blev forvandlet til blod! Farao og Egypterne blev udsat for netop dette: Nilens vand blev forvandlet til blod.

Men Farao gjorde sit hjerte hårdt og ville ikke lytte til Guds ord, for han havde også set sine mirakelmagere forvandle vand til blod.

Moses viste ham den levende Gud, men Farao anså det for et tilfælde og benægtede det. Så plagen kom over ham i samme grad, som han havde ondskab i sig.

Moses og Aron gjorde det, som Herren havde befalet dem.

Moses løftede staven for øjnene af Farao og hans tjenere, og slog i Nilens vand, og alt vandet blev forvandlet til blod.

Så måtte egypterne grave i jorden omkring Nilen for at skaffe drikkevand. Dette var den første plage.

Den spirituelle betydning af plagen af blod

Så hvad er den spirituelle betydning, der er indeholdt i plagen af blod?

Hovedparten af Egypten er ørken og ødemark. Så Farao og hans folk led i høj grad, da deres drikkevand blev forvandlet til blod.

Ikke alene var drikkevandet og vandet til den daglige husholdning blevet dårligt, men fiskene i vandet døde også, og det lugtede grimt. Dette medførte et stort ubehag.

Plagen af blod henviser spirituelt til den lidelse, der forårsages af ting, som er direkte relateret til vores dagligdag. Der er ting og hændelser, som er irriterende eller smertefulde, og som kommer fra de mennesker, som står os nærmest såsom familiemedlemmer, venner og kolleger.

Med hensyn til vores kristne liv kan denne plage være noget i stil med de forfølgelser eller prøver, som kommer gennem vores nærmeste venner, forældre, pårørende eller naboer. De personer, som har det højeste mål af tro, vil naturligvis overvinde prøverne med lethed, men de mennesker, som kun har liden tro, vil i høj grad lide på grund af disse forfølgelser og prøver.

Prøvelser som kommer over de mennesker, der indeholder ondskab

Der findes to forskellige kategorier af prøvelser.

For de første er der de prøvelser, som kommer over os, når vi ikke lever ved Guds ord. Hvis vi hurtigt angrer og omvender os, vil Gud tage prøvelsen bort fra os.

I Jakobs Bog 1:13-14 står der: *"Men ingen, som bliver fristet, må sige: 'Jeg bliver fristet af Gud'; for Gud kan ikke fristes af det onde, og selv frister han ingen. Når man fristes, er det ens eget begær, der drager og lokker én."*

Når vi kommer ud for vanskeligheder, skyldes det, at vi lokkes af vore egne lyster og ikke lever efter Guds ord. Og så bliver vi påført prøvelser af djævlen, vores fjende.

For det andet kan vi forsøge at være trofaste i vores kristne liv, men alligevel blive udsat for prøvelser. I så fald er der tale om, at Satan forsøger at få os til at forsage den kristne tro gennem sine forstyrrende gerninger.

Hvis vi i dette tilfælde går på kompromis, så vil vanskelighederne blive endnu større, og vi vil ikke kunne modtage velsignelser. Nogle mennesker mister dermed den liden tro, de havde, og vender tilbage til verden.

I begge tilfælde gælder det, at problemerne skyldes, at vi har ondskab i os. Vi bør dermed flittigt lede efter alle former for ondskab i os og omvende os fra dem. Vi må bede med tro og være taknemmelige. Og så kan vi overvinde prøvelserne.

Ligesom Moses' slange slugte mirakelmagernes slanger, er Satans verden også under Guds kontrol. Da Gud først kaldte Moses, viste han det tegn at forvandle staven til en slange og derefter til en stav igen (Anden Mosebog 4:4). Dette symboliserer, at selv om prøvelser kan komme over os gennem Satans gerning, så vil Gud hjælpe os med at få alt tilbage til normal tilstand, hvis bare vi viser vores tro ved at stole fuldstændig på Gud.

Hvis vi omvendt går på kompromis, er der ikke tale om tro, og så kan vi ikke opleve Guds gerninger. Når vi står overfor en prøvelse, bør vi stole fuldstændig på Gud, og så vil vi se, hvordan Gud tager prøvelsen væk med sin kraft.

Alt er under Guds kontrol. Så det er lige meget om en prøvelse er stor eller lille – hvis vi stoler fuldstændig på Gud og fuldt ud adlyder hans ord, så vil prøvelsen ikke have nogen betydning for os. Gud vil selv løse problemet og føre os til et trivelig liv i alle forhold.

Det er dog vigtigt at huske, at hvis der er tale om en mindre plage, så kan vi let komme os efter den, men hvis der er tale om en stor plage, så er det ikke let at komme sig fuldt ud. Derfor må vi altid ransage os selv med sandhedens ord, skille os af med alle former for ondskab og leve efter Guds ord, sådan at vi ikke vil komme ud for plager.

Prøver for troende mennesker med henblik på velsignelser

Sommetider er der undtagelser. Selv de mennesker, som har stor tro, kan komme ud for prøver. Apostelen Paulus, Abraham, Daniel og hans tre venner og Jeremias kom alle ud for prøver. Selv Jesus blev fristet af djævlen tre gange.

De prøver, som troende mennesker kommer ud for, bliver givet med henblik på at give velsignelser. Hvis de glædes, er taknemmelige og stoler fuldstændig på Gud, så vil prøverne blive til velsignelser til Guds ære.

Det er således muligt, at de mennesker, som har tro, bliver udsat for prøver, for de kan få velsignelser ved at overvinde dem. Men de vil aldrig komme ud for plager. Plagerne overgår kun personer, som har fejl og mangler i Guds øjne.

For eksempel blev apostelen Paulus forfulgt for Herrens skyld, men gennem forfølgelserne fik han større kraft og kom til at spille en central rolle for forkyndelse af budskabet i Romerriget som apostel for ikke-jøderne.

Daniel gik ikke på kompromis med de snedige planer, som var blevet lagt af onde mennesker, der var misundelige på ham, men fulgte kun den retfærdige vej. Han blev til sidst smidt i løvekulen, men tog ingen skade. Han ærede i højeste grad Gud.

Jeremias sørgede og bønfaldt med tårer, når nogen i hans folk begik synder overfor Gud. Af denne grund blev han slået og sat i fængsel. Men da Jerusalem blev erobret af Nebukadnesar fra

Babylon og mange mennesker blev slået ihjel eller taget til fange, blev Jeremias frelst, og han blev behandlet godt af kongen.

Abraham bestod den prøve at ofre sin søn Isak med tro, sådan at han kunne kaldes Guds ven. Han fik så store velsignelser i ånd og krop, at selv en konge ville være beæret over at modtage ham.

Som tidligere forklaret kommer prøvelserne som regel over os på grund af den ondskab, vi indeholder, men der er også exceptionelle tilfælde, hvor gudelige mennesker får prøver i troen. Resultatet af disse prøvelser er velsignelser.

Plagen af frøer

Selv syv dage efter at Nilens vand var blevet forvandlet til blod, havde Farao et forhærdet hjerte. Da hans mirakelmagere også var i stand til at forvandle vand til blod, nægtede han at lade Israels folk gå.

Som konge for nationen burde Farao tage hånd om det ubehag, hans folk oplevede på grund af vandmangelen, men han tog sig ikke rigtig af det, fordi han havde et hærdet hjerte.

Og på grund af dette hærdede hjerte ramte endnu en plage Egypten.

> *Nilen skal vrimle med frøer; de skal kravle op og komme ind i dit hus og i dit sovekammer og op i din seng og ind i dine hoffolks huse og til dit folk, ja, ind i dine bageovne og dine dejtrug. Frøerne skal kravle*

rundt på dig og dit folk og alle dine hoffolk (Anden Mosebog 7:28-29).

Som Gud havde sagt til Moses, begyndte et uset antal frøer at vrimle ud over hele Egyptens land, da Aron rakte sin stav ud over vandet i Egypten. Men så gjorde mirakelmagerne det samme med deres hemmelige kunster.

Der er mere end 400 forskellige typer frøer i hele verden med undtagelse af Antarktis. Deres størrelse varierer fra 2,5 cm til 30 cm.

Nogle mennesker spiser frøer, men de fleste bliver overraskede eller føler afsky ved synet af disse dyr. Frøernes øjne står ud, og de har ingen hale. Deres bagben har svømmehus og deres hud er altid fugtig. Alle disse ting frembringer en eller anden form for ubehag.

Der var ikke kun nogle stykker af dem, men utallige frøer, som dækkede hele landet. De sad på spisebordene og hoppede omkring i soveværelserne og i sengene. Folk kunne på ingen måde nyde deres måltid eller få lov at hvile sig i fred.

Den spirituelle betydning af plagen af frøer

Så hvad er den spirituelle betydning indeholdt i plagen af frøer?

I Johannesåbenbaringen 16:13 står der: *"tre urene ånder,*

der så ud som frøer." Frøer er foragtelige dyr, og i spirituel henseende henviser de til Satan.

Når frøerne gik ind i Faraos palads og folkets huse, så betød det, at denne plage overgik alle på samme måde, uanset deres sociale position.

At frøerne kom op i sengene betød, at der ville komme samlivsproblemer mellem ægtefæller.

Lad os for eksempel antage, at en kvinde er troende, men hendes mand ikke er det, og manden har en affære. Når han bliver taget i det, kan han give en undskyldning i stil med: "Det er også fordi, du hele tiden går i kirke."

Hvis kvinden tror på sin mand, som beskylder kirken for at være årsag til deres personlige problemer, så vil hun holde op med at søge Gud, og så kan det siges, at problemet skyldes, at "Satan er i soveværelset."

Folk kommer ud for denne form for plage på grund af forskellige former for ondskab. De kan måske synes at leve et godt liv i troen, men når de bliver udsat for prøver, rystes deres hjerte. Deres tro og håb om himlen forsvinder. Det gør deres glæde og fred også, og de er bange for at indse situationens realitet.

Men hvis de for alvor har håb om himlen og kærlighed til Gud, og hvis de har sand tro, så vil de ikke lide på grund af de vanskeligheder, de gennemgår på denne jord. De vil derimod overvinde dem og begynde at få velsignelser.

Frøerne kom ind i ovnene og dejtrugene. Dejtrugene henviser

til vores daglige brød, og ovnene til vores arbejdsplads eller forretningsområde. Dette betyder som helhed, at Satan virker i folks familier, på deres arbejdspladser og forretningsområder, og selv i deres daglige føde, sådan at alle og enhver vil komme i vanskelige og stressende situationer.

Under disse forhold er der nogle mennesker, som ikke overvinde prøvelsen. De tænker: "Disse vanskeligheder kommer over mig på grund af min tro på Jesus", og så vender de tilbage til verden. Dermed kommer de bort fra vejen til frelse og evigt liv.

Men hvis de anerkender, at vanskelighederne er kommet over dem på grund af deres manglende tro og deres ondskab, så kan de angre, og Satans forstyrrende gerning vil forsvinde, for Gud vil hjælpe dem med at overvinde problemerne.

Hvis vi i sandhed har tro, så vil prøvelser og plager ikke være noget problem for os. Selv om vi måske kommer ud for prøvelser, så vil problemerne blive løst, når vi glæder os, er taknemmelige og årvågne, og beder.

> *Da tilkaldte Farao Moses og Aron og sagde: "Gå i forbøn hos Herren om, at han skal fjerne frøerne fra mig og mit folk. Så vil jeg lade folket gå, så de kan ofre til Herren"* (Anden Mosebog 8:4).

Farao bad Moses og Aron om at fjerne alle frøerne, som havde spredt sig over hele landet. Gennem Moses' bøn døde alle frøerne i husene, på gårdspladserne og på markerne.

Folk skovlede dem sammen i dynger, så hele landet kom til

at stinke. Nu kunne de begynde at ånde igen. Men de Farao så dette, ændrede han mening. Han havde lovet, at han ville lade israelitterne gå, hvis frøerne forsvandt, men han skiftede mening uden videre.

Men da Farao så, at det var til at ånde igen, forhærdede han sig og ville ikke høre på dem, sådan som Herren havde sagt (Anden Mosebog 8:11).

At Farao "forhærdede sig" betyder, at han var stædig. Selv efter at han havde set en række af Guds gerninger, lyttede han ikke til Moses. Som resultat kom der endnu en plage.

Plagen af myg

I Anden Mosebog 8:12 siger Gud til Moses: *"Sig til Aron, at han skal række sin stav ud og slå i støvet på jorden, det skal blive til myg overalt i Egypten."*

Da Moses og Aron gjorde, som de havde fået besked på, blev alt støvet til myg, som dækkede hele Egyptens land.

Mirakelmagerne forsøgte med deres hemmelige kunster at fremkalde myg, men de kunne ikke. De indså endelig, at det ikke kunne gøres med menneskelig kraft, og bekendte til Farao:

"Det er Guds finger" (Anden Mosebog 8:15).

Indtil da havde mirakelmagerne været i stand til at gøre tilsvarende ting, såsom at forvandle en stav til en slange, forvandle vand til blod og fremkalde frøer. Men nu kunne de ikke længere være med.

De måtte derfor anerkende Guds kraft, som blev manifesteret gennem Moses. Men Farao forhærdede sig og ville ikke lytte til Moses.

Den spirituelle betydning af plagen af myg

Det hebræiske ord "kinim" har flere forskellige oversættelser såsom "lus, fluer eller myg." Disse insekter er som regel små dyr, som lever på urene steder. De sætter sig på kroppen af mennesker og dyr og suger blod. De findes almindeligvis i hår, tøj eller i pelsen på dyr. Der er mere en 3.300 typer af sådanne insekter.

Når de suger blod fra kroppen, fremkalder det kløe. Det kan også resultere i en infektion såsom tilbagevendende feber eller tyfus.

I dag ser vi som regel ikke disse dyr i de rene byer, men der er mange af dem som lever på menneskekroppen på grund af manglende hygiejne.

Så hvad er en plage af myg?

Støvet på jorden blev forvandlet til myg. Støv er meget små partikler, som kan blæses væk med åndedrættet. Deres størrelse variere fra 3-4 mikrometer til 0,5 mm.

Ligesom en næsten ubetydelig ting som støv bliver til levende myg, der suger blod og giver vanskeligheder og lidelser, så symboliserer plagen af myg, at de små ting, som skjules under overfladen, pludselig kan komme frem og vokse til store problemer, der giver os lidelser og smerter.

Normalt er en kløe en relativt lille smerte sammenlignet med andre sygdomme, men det kan være irriterende. Myg lever på urene steder, hvilket betyder, at plagen af myg vil komme til de steder, hvor der er en form for ondskab.

For eksempel kan et lille skænderi mellem brødre eller mellem mand og kone blive til en stor strid. Eller når de taler om små ting, der er sket i fortiden, kan det udvikle sig til stridigheder. Dette er også en plage af myg.

Når ondskab i form af misundelse eller jalousi udvikler sig til had; når man undlader at beherske sit temperament og lader vrede løbe af med sig; når små hvide løgne bliver til store løgne for ikke at blive afsløret og lignende, er det alt sammen en plage af myg.

Når som helst der er en latent form for ondskab i hjertet, så vil personen føle en form for uro. Han kan måske føle, at det er vanskeligt at leve et kristent liv. Han kan måske få en mindre sygdom. Disse ting er også en plage af myg. Hvis vi pludselig får feber eller forkølelse, eller hvis vi har små skænderier eller problemer, så bør vi hurtigt ransage os selv og angre.

Så hvad betyder det, at der var myg på dyrene? Dyr er levende væsener og på daværende tid var antallet af dyr og arealet af jord et mål for den personlige rigdom. Farao, hoffolkene og de almindelige mennesker havde vingårde og kvæghold.

Hvilke egendele har vi i dag? Det er ikke alene huse, jord, forretninger eller arbejde, der tilhører kategorien af "egendele." Familiemedlemmer hører også med til denne kategori. Da dyr er levende væsener, henviser de til de familiemedlemmer, som lever sammen.

At myggene kommer over mennesker og dyr betyder, at når små problemer vokser sig større, så er det ikke kun os selv, men også vores familiemedlemmer, der lider.

Der er eksempelvis tilfælde, hvis børn lider på grund af forældrenes fejl, eller hvis en mand lider på grund af hans kones forkerte handlinger.

I Korea er der mange små børn som lider af børneeksem. Det begynder med en smule kløe, men spreder sig snart til hele kroppen, hvor det giver hævelser og bylder.

I alvorlige tilfælde sprækker børnenes hud fra top til tå på grund af betændelse. Huden flås i stykker og dækkes af betændelse og blod.

Når forældrene ser deres børn sådan, knuses deres hjerter, fordi de ikke er i stand til at hjælpe børnene.

Det sker også, at små børn pludselig får feber, hvis forældrene blive vrede. I mange tilfælde skyldes små børns sygdomme deres forældres overtrædelser.

I sådanne tilfælde vil børnene hurtigt blive raske, uanset hvad de fejler, hvis forældrene ransager deres liv og angrer, at de ikke har gjort deres pligt ordentligt, ikke er i fred med hinanden eller hvad det nu end er, de har gjort galt i Guds øjne.

Vi kan se, at det også er Guds kærlighed at lade disse ting finde sted. Plagen af myg kommer over os, når vi indeholder visse former for ondskab. Vi bør derfor ikke anse selv små ting for tilfælde, men i stedet anerkende disse former for ondskab i os selv, angre hurtigt og omvende os fra dem.

Kapitel 4

Plagerne af fluer, kvægpest og bylder

Anden Mosebog 8:21-9:11

"Det gjorde Herren; der kom en mængde fluer ind i Faraos hus og ind i hans hoffolks huse. Overalt i Egypten hærgedes landet af fluerne" (8:20).

"Herren hånd [skal] ramme dit kvæg på marken, dine heste, æsler, kameler, køer og får med en frygtelig pest. Næste dag gjorde Herren det, og alt egypternes kvæg døde. Men ikke et eneste af israelitternes dyr døde" (9:3, 6).

"De tog så ovnsoden og mødte op hos Farao. Moses kastede det op i luften, så mennesker og dyr fik udslæt, der brød ud i bylder. Mirakelmagerne kunne ikke møde op hos Moses på grund af udslættet, for mirakelmagerne fik udslæt ligesom alle de andre egyptere" (9:10-11).

De egyptiske mirakelmagere anerkendte Guds kraft, efter at de havde set plagen af myg. Men Farao forhærdede alligevel sit hjerte og undlod at lytte til Moses. Guds kraft, som hidtil var blevet manifesteret, burde have været nok til, at han kunne tro på Gud. Men han satte sin lid til sin styrke og autoritet, og anså sig selv for guddommelig, så han havde ingen gudsfrygt.

Plagerne fortsatte, og han angrede ikke, men forhærdede kun sit hjerte. Derfor kom der endnu større plager. Indtil de fik plagen af myg, kunne de hurtigt have kommet sig, hvis bare de havde omvendt sig. Men fra da af blev det i stigende grad vanskeligt at genvinde den tidligere tilstand.

Plagen af fluer

Moses gik til Farao tidligt om morgenen i overensstemmelse med Guds ord. Han overleverede endnu engang Guds besked om at lade israelitterne gå.

> *Herren sagde til Moses: "Træd frem for Farao i morgen tidlig, når han går ned til floden, og sig til ham: Dette siger Herren: Lad mit folk gå, så de kan dyrke mig!"* (Anden Mosebog 8:16).

Ikke desto mindre ville Farao ikke lytte til Moses. Det var skyld i, at plagen af fluer kom over dem; ikke kun over Faraos palads og hoffolkenes huse, men også over hele Egyptens land.

Landet blev fyldt af fluer.

Fluer er skadelige. De bærer forskellige sygdomme såsom tyfus, kolera og spedalskhed. Den almindelige husflue kan yngle hvor som helst, selv i afføring og affald. De spiser hvad som helst, uanset om det er affald eller mad. Og de har en hurtig fordøjelse og har afføring hver femte minut.

Forskellige former for sygdomsfremkaldende organismer kan efterlades på folks mad eller redskaber, og kan dermed komme ind i menneskekroppen. Fluernes mund og fødder er også dækket af væsker, som kan bære sygdomsfremkaldende organismer. Dette er en af de mest fremtrædende årsager til sygdomssmitte.

I dag er der mange forebyggende metoder og kure, og der er ikke ret mange sygdomme, som viderebringes af fluer. Men for år tilbage kunne det koste mange menneskeliv, når der udbrød smitsomme sygdomme. Ud over smittefaren kan fluerne forurene vores mad, når de sætter sig på den, og vi kan dermed ikke spise den.

Og der var ikke bare en eller to fluer, men utallige, og de dækkede hele Egyptens land. Hvor må det have været svært for befolkningen! De må have følt frygt bare ved at se sig omkring.

Hele Egyptens land blev skadet af de frygtelige fluer. Det betød, at et oprør, som ikke kun var rettet mod Faraoen, men mod alle Egypterne, bredte sig ud over hele Egyptens land.

Men for at gøre forskellen mellem israelitterne og egypterne klar, var der ingen fluer i Goshens land, hvor israelitterne levede.

"Gå hen og bring ofre til jeres Gud her i landet!"
(Anden Mosebog 8:21).

Før Gud lod egypterne få den første plage, havde han befalet israelitterne at ofre til ham i ørkenen, men Farao sagde nu til dem, at de skulle ofre til deres Gud i Egyptens land. Moses afslog dog dette forslag og fortalte hvorfor:

"Det kan vi ikke, for det, vi ofrer til Herren vores Gud, er afskyeligt for egypterne. Hvis vi for øjnene af egypterne ofrer noget, de finder afskyeligt, vil de så ikke stene os?" (Anden Mosebog 8:22).

Moses fortsatte med at sige, at de ville gå ud i ørkenen i tre dage og følge Guds befalinger. Farao svarede, at de ikke skulle gå for langt, og at de også skulle gå i forbøn for ham.

Moses fortalte Farao, at fluerne ville forsvinde den næste dag, og bad ham være tro mod sit ord om at lade Israels folk gå.

Men efter at fluerne forsvandt ved Moses' bøn, skiftede Farao mening og lod alligevel ikke israelitterne gå. Derved kan vi se, at han har være bedragerisk og snu. Vi kan også forstå, hvorfor han hele tiden blev udsat for plager.

Den spirituelle betydning af plagen af fluer

Ligesom fluer kommer fra urene steder og bærer smitsomme

sygdomme, så vil et menneske tale med onde ord og forårsage forskellige sygdomme og problemer, hvis hans hjerte er ondt og urent. Dette er plagen af fluer.

Denne form for plage kommer ikke kun over personen selv, men også over vedkommendes ægtefælle og arbejdssted.

I Matthæusevangeliet 15:18-19 står der: *"Men det, som kommer ud af munden, udgår fra hjertet, og det gør et menneske urent. Thi fra hjertet udgår onde tanker, mord, ægteskabsbrud, utugt, tyveri, falsk vidnesbyrd og bespottelser."*

Det, som er i menneskets hjerte, kommer ud gennem læberne. Fra gode hjerter kommer gode ord, men fra urene hjerter vil der komme urene ord. Hvis vi indeholder usandhed og bedrageriskhed, had og vrede, så vil vores ord og gerninger udspringe af dette.

Bedrageriskhed, fordømmelse og forbandelse kommer alle fra onde og urene hjerter. Det er derfor, der står i Matthæusevangeliet 15:11: *"Ikke det, som kommer ind i munden, gør et menneske urent, men det, som kommer ud af munden, det gør et menneske urent."*

Selv ikke-troende siger, at det, som hjertet er fuldt af, løber munden over med.

Man kan ikke kalde det tilbage, som man én gang har sagt. Hvis man lever et kristent liv, er det særlig vigtigt, hvad man siger. Alt efter hvilke slagt udtalelser, man kommer med – om de er positive eller negative – kan det have meget forskellige resultater.

Hvis vi har en almindelig forkølelse eller en simpel smitsom sygdom, kan det høre til kategorien af plagen af myg. Så hvis vi angrer med det samme, kan vi hurtigt komme os. Men komme en plage af fluer over os, vil vi ikke være i stand til at komme os lige med det samme. Denne plage skyldes en alvorligere form for ondskab end plagen af myg, så vi vil blive udsat for en form for straf.

Hvis vi bliver udsat for plagen af fluer, så må vi ransage os selv og angre de onde ord og lignende grundigt. Problemet vil først blive løst, efter at vi har angret.

I Bibelen kan vi se eksempler på mennesker, som blev straffet for deres onde ord. Det var tilfældet med Mikal, som var kong Sauls datter og kong Davids kone. I Anden Samuelsbog kapitel 6, hvor Herrens ark blev bragt tilbage til Davids by, blev David så glad, at han dansede for øjnene af hele folket.

Herrens ark var et symbol på Guds nærvær. Den blev taget af filistrene under dommertiden, men blev senere hentet tilbage. Den kunne ikke være i tabernaklet, og var derfor midlertidigt i Kirjat-Jearim i omkring 70 år. Efter at David overtog tronen, flyttede han arken til tabernaklet i Jerusalem. Og han blev helt overstadig af glæde.

Ikke alene David, men hele folket i Israel glædede sig sammen og priste Gud. Men Mikal, som burde have glædet sig sammen med sin mand, så i stedet ned på kongen og følte foragt for ham.

> *"Hvor har Israels konge dog opført sig værdigt i dag, da han blottede sig for øjnene af sine undersåtters trælkvinder!"* (Anden Samuelsbog 6:20).

Så hvad svarede David til dette?

> *"Det var for Herrens ansigt, jeg gjorde det; det var ham, der udvalgte mig frem for din far og hele hans hus og indsatte mig til fyrste over Herrens folk, over Israel; og for Herrens ansigt vil jeg danse og nedværdige mig endnu mere end nu og synke endnu dybere i din agtelse; men hos de trælkvinder, du talte om, vil jeg vinde ære"* (Anden Samuelsbog 6:21-22).

Fordi Mikal havde talt disse onde ord, fik hun til sin dødsdag ingen børn.

Folk begår ofte synder med læberne, men de indser ikke, at deres onde ord er synder. Der kommer straf ned over deres arbejdspladser, deres forretninger og deres familie, men de indser ikke, at dette skyldes de overtrædelser, de har begået med deres ord. Gud fortæller os flere steder om ordenes vigtighed.

> *"I læbernes overtrædelse ligger der en snare for den onde, men den retfærdige kommer fri af nøden. Ved mundens frugt mættes man godt, men ved sine hænders arbejde opnår man løn"* (Ordsprogenes bog

12:13-14).

"Af mundens frugt nyder man godt, de troløse hungrer efter vold. Den, der vogter sin mund, bevarer sit liv, den åbenmundede går sin undergang i møde" (Ordsprogenes Bog 13:2-3).

"Liv og død er i tungens vold, de, der er venner med den, nyder dens frugt" (Ordsprogenes Bog 18:21).

Vi bør indse, at onde ord på vores læber har konsekvenser, sådan at vi kun vil tale med positive, gode og smukke ord; ord med retfærdighed og lys, og bekendelser af tro.

Plagen af kvægpest

Efter at have lidt under plagen af fluer, forhærdede Farao sit hjerte og afviste at lade Israelitterne gå. Så lod Gud plagen af kvægpest komme over dem.

Gud sendte Moses til Farao, før han lod plagen finde sted. Han lod Moses overlevere budskabet om sin vilje.

"Men hvis du nægter at lade dem gå og bliver ved med at holde på dem, skal Herrens hånd ramme dit kvæg på marken, dine heste, æsler, kameler, køer og får, med en frygtelig pest. Men Herren vil

> *holde Israels kvæg adskilt fra Egyptens; ingen af israelitternes dyr skal dø"* (Anden Mosebog 9:2-4).

Og for at lade egypterne vide, at det ikke var et tilfælde, men en plage, som blev dem påført med Guds kraft, fastsatte han et tidspunkt og sagde: "I morgen vil Herren gøre dette i landet." På denne måde blev han ved med at give dem mulighed for at angre.

Hvis Farao havde anerkendt Guds kraft bare en lille smule, så ville han havde ændret mening, og ville ikke være blevet udsat for så mange plager.

Men han ændrede ikke mening. Resultatet var, at kvægpesten kom over dem, og at alt kvæget på marken samt heste, æsler, kameler, køer og får døde.

Der var derimod ikke et eneste dyr, der døde hos israelitterne. Gud lod dem indse, at han lever og opfylder sit ord. Farao vidste det godt, men han forhærdede alligevel sit hjerte og ville ikke ændre sin tænkemåde.

Den spirituelle betydning af plagen af kvægpest

Kvægpest henviser til enhver sygdom, som spreder sig hurtigt og dræber et stort antal mennesker eller dyr. Alle husdyrene i Egypten døde, og vi kan forestille os, hvor stor skade dette har gjort.

Den pest, der spredte sig over Europa i det 14. århundrede, var oprindelig en epidemi blandt små dyr som egern og rotter.

Men den spredte sig til mennesker gennem lopper, og var årsag til utallige dødsfald. Pesten var meget smitsom, og lægevidenskaben var endnu ikke ret udviklet, så sygdommen kostede mange menneskeliv.

I Egypten udgjorde dyreflokke i form af kvæg og heste, får og geder en stor del af folks velstand. Dyreflokkene symboliserer således Faraos, hoffolkenes og folkets ejendom. Husdyr er noget levende, og i en nutidig betydning henviser det til vores familie, kolleger og venner, samt alle andre, som vi er sammen med i hjemmet eller på vores arbejdsplader.

Årsagen til kvægpesten i Egypten var Faraos ondskab. Så den spirituelle betydning af plagen af kvægpest er, at vores familiemedlemmer vil blive ramt af sygdomme, hvis vi samler til bunke af ondskab og Gud vender ansigtet bort fra os.

Hvis for eksempel et forældrepar et ulydigt overfor Gud, så kan deres elskede børn måske få en sygdom, som er vanskelig at kurere. Eller en kvinde kan blive syg på grund af hendes mands ondskab. Når denne form for plage kommer over os, skal vi ikke kun ransage os selv, men også vores familiemedlemmer, og hele familien bør angre sammen.

Fra Anden Mosebog 20:4 og frem står der, at straffen for afgudsdyrkelse vil fortsætte gennem tre eller fire generationer.

Men kærlighedens Gud vil naturligvis ikke straffe os under alle omstændigheder. Hvis børnene har gode hjerter, tager imod Gud og lever i troen, så vil de ikke blive udsat for plager på grund af deres forældres synder.

Hvis omvendt børnene samler yderligere til den bunke af den ondskab, som de har nedarvet fra deres forældre, så vil de blive udsat for konsekvenserne af synderne. I mange tilfælde vil de børn, som er født i familier, der tilbeder afguder, have medfødte handicaps eller mentale problemer.

Nogle mennesker har malet amuletter på væggene i deres huse. Andre tilbeder Buddhistiske afguder. Endnu andre skriver deres navne i buddhistiske templer. Alt dette er alvorlige tilfælde af afgudsdyrkelse, og selv om folk ikke selv lider under plagen, så vil deres børn utvivlsomt få problemer.

Forældre bør derfor altid holde sig til sandheden, sådan at deres synder ikke vil blive nedarvet til deres børn. Hvis et hvilket som helst familiemedlem får en sygdom, som er vanskelig at helbrede, må man undersøge, om den er forårsaget af ens egne synder.

Plagen af bylder

Farao så, hvordan husdyrene døde i Egypten, og udsendte folk for at undersøge, hvordan det stod til i Goshen, hvor israelitternes dyr levede i bedste velgående. Til forskel fra det øvrige Egypten var der ingen dyr, der døde i Goshen.

Men selv efter at Farao havde oplevet dette, som unægtelig var Guds gerning, omvendte han sig ikke.

"Farao fik bud om, at ingen af israelitternes dyr var døde; men han var forhærdet og lod ikke folket gå" (Anden Mosebog 9:7).

Da sagde Gud til Moses og Aron, at de skulle fylde deres hænder med sod fra en smelteovn og kaste det op i luften for øjnene af Farao. De gjorde, som Gud havde sagt dem, og det blev til et udslæt, der brød ud i bylder på mennesker og dyr.

En byld er en lokal hævelse og inflammation af huden, som skyldes infektion af hårsækken og det omgivende væv. Den har en central kerne og danner puds.

I alvorlige tilfælde er en operation påkrævet. Nogle bylder er større end 10 cm i diameter. De hæver og forårsager høj feber og udmattelse, og nogle mennesker kan dårlig nok gå. Bylderne kan være meget smertefulde.

I dette tilfælde ramte bylderne både mennesker og dyr, og selv ikke mirakelmagerne kunne møde op hos Moses på grund af udslættet.

Da der var tale om kvægpest, var der kun dyrene, der døde. Men i tilfældet med bylderne måtte både dyr og mennesker lide.

Den spirituelle betydning af plagen af bylder

Pest er en indre sygdom, men bylderne ses udenpå, når noget indre er blevet mere alvorligt.

For eksempel kan en lille kræftcelle vokse sig stor og til

sidst vil den kunne ses udenpå. Det samme er tilfældet med hjerneblødning, lungesygdomme og AIDS.

Disse sygdomme ses som regel hos menneske, som har en stædig karakter. Alle mennesker er naturligvis forskellige, men der kan være tale om temperament, arrogance, manglende evne til at tilgive eller tendens til at tro, at man selv er bedre end andre mennesker. Det kan også være mennesker, der insisterer på deres egne meninger og ignorerer andre. Alt dette skyldes manglende kærlighed. Plagerne kommer over dem af denne grund.

Vi kan nogle gange undre os og tænke: "Det menneske virker som en blid og god person, så hvorfor lider han dog under denne sygdom?" Men selv om en person virker blid udadtil, så er det ikke sikkert, at han er det i Guds øjne.

Hvis personen virkelig ikke er stædig, så skyldes sygdommen nogle store synder, som hans forfædre har begået (Anden Mosebog 20:5).

Når plagen kommer på grund af andre familiemedlemmer, så vil problemet blive løst, hvis hele familien angrer sammen. Derigennem vil de blive en fredfyldt og smuk familie, og det vil blive en velsignelse for dem.

Gud er herre over menneskets liv, død, lykke og ulykke i sin retfærdighed. Så ingen plage eller ulykke kommer uden grund (Femte Mosebog 28).

Selv når børn lider på grund deres forældre eller forfædre, så er de selv den fundamentale årsag. For selv om forældrene tilbeder afguder, så vil Gud beskytte børnene, hvis de lever efter hans ord, og så vil plagen ikke komme over dem.

Straffen for forældrenes eller forfædrenes afgudsdyrkelse vil dermed kun komme over børnene, hvis de ikke lever efter Guds ord. Hvis de lever i sandheden, vil retfærdighedens Gud beskytte dem, og så vil der ikke være nogen problemer.

Da Gud er kærlighed, anser han hver enkelt sjæl for at være mere værd end hele verden. Han vil, at vi alle skal nå frelsen, leve i sandheden og vinde den afgørende sejr i vores liv.

Gud lader os ikke udsættes for plager for at drive os imod ødelæggelsen, men for at få os til at angre vores synder og omvende os fra dem i overensstemmelse med hans kærlighed.

Plagerne af blod, frøer og myg skyldes Satans gerning, og de er relativt svage. Så hvis vi angrer og omvender os, kan de let forsvinde.

Men plagerne af fluer, kvægpest og bylder er mere alvorlige, og de berører vores kroppe direkte. Så i disse tilfælde må vi sønderrive vore hjerter og angre meget grundigt.

Hvis vi lider under en af disse plager, bør vi ikke skyde skylden på andre. I stedet må vi være kloge nok til at reflekterer over os selv ud fra Guds ord, og angrer det, vi har gjort, som ikke var korrekt i Guds øjne.

Kapitel 5

Plagerne af hagl og græshopper

Anden Mosebog 9:23-10:20

Moses rakte sin stav op mod himlen, og Herren lod det tordne og hagle, og ild slog ned på jorden. Herren lod haglene regne over Egypten. Der faldt hagl, og ilden flammede under haglvejret. Det var så voldsomt, at der ikke havde været magen til i hele Egypten, fra dengang de blev et folk (9:23-24).

Moses rakte sin stav ud over Egypten, og Herren drev en østenvind ind over landet hele den dag og hele natten. Da det blev morgen, havde østenvinden ført græshopper med. Græshopperne kom over hele Egypten og slog sig ned overalt i Egypten i så stor mængde, at der hverken før havde været eller siden vil komme så mange græshopper (10:13-14).

Forældre, som for alvor elsker deres børn, vil ikke undlade at disciplinere dem. De har et oprigtigt ønske om at vejlede deres børn i, hvad der er rigtigt og forkert.

Hvis børnene ikke lytter til forældrenes irettesættelser, må forældrene til tider straffe børnene fysisk, sådan at de adlyder. Men forældrenes smerte over at gøre dette er større end børnenes fysiske smerte.

Kærlighedens Gud vender også til tider ansigtet bort og tillader en plage eller vanskelighed, sådan at hans elskede børn kan angre og omvende sig.

Plagen af hagl

Gud kunne have sendt en stor plage fra starten for at få Farao til at adlyde. Men han er tålmodig, og han er udholdende. Han viste sin magt og vejledte Farao og hans folk til at anerkende Gud, men han begyndte med mindre plager.

> *"Havde jeg rakt min hånd ud og slået dig og dit folk med pest, havde du nu været udslettet fra jordens overflade. Men jeg har ladet dig bestå netop for at vise dig min magt, og for at mit navn kan blive forkyndt over hele jorden. Du stiller dig stadig i vejen for mit folk og vil ikke lade dem gå. Men i morgen vil jeg lade det hagle så voldsomt, at der ikke har været magen til i Egypten, fra den dag det blev grundlagt til*

i dag" (Anden Mosebog 9:15-18).

Plagerne blev større og større, men Farao ophøjede alligevel sig selv overfor israelitterne og lod dem ikke gå. Så tillod Gud den syvende plage, plagen af hagl.

Gud lod gennem Moses Farao vide, at der ville komme et så voldsomt haglvejr, at det ikke var set tilsvarende i Egypten siden landets grundlæggelse. Og Gud gav dermed mennesker og dyr en mulighed for at komme i læ inden uvejret. Han advarede dem på forhånd om, at de mennesker og dyr, som blev udenfor, ville dø på grund af haglene.

Nogle af Faraos tjenestefolk frygtede Herren og fik deres trælle og dyr til at blive inde. Men mange andre havde ingen respekt for Guds ord, og tog ingen særlige hensyn.

"De, der ikke ænsede Herrens ord, lod deres trælle og deres kvæg blive ude på marken" (Anden Mosebog 9:21).

Næste dag rakte Moses sin stav op mod himlen, og Gud sendte torden og hagl. Ild slog ned på jorden. Alt, som var på marken, blev slået ned, både mennesker, dyr og planter. Det var i sandhed en stor plage!

I Anden Mosebog 9:31-32 står der: *"hør og byg blev slået ned, for byggen var i aks og hørren i blomst. Men hvede og spelt blev ikke slået ned, for det modnes senere."* Så skaden var kun delvis.

Hele Egypten led under de skader, som haglene havde forårsaget, men der skete ikke noget i Goshen.

Den spirituelle betydning af plagen af hagl

Normalt falder hagl uden forudgående varsel. De falder normalt ikke i et stort område, men relativt lokalt. Plagen af hagl symboliserer dermed store ting, som dog kun sker delvist, og ikke påvirker alle aspekter.

Der var tale om hagl, som slog ned med ild og dræbte mennesker og dyr. Planterne på marken blev slået ned, og der var ingen mad.

I nutiden kan der være tale om en stor skade, som rammer ens ejendom på grund af en uforudset ulykke. Det kan være et stort tab på grund af en brand på arbejdspladsen. Eller ens familiemedlemmer kan få en sygdom eller komme ud for en ulykke, og det kan koste en formue at tage hånd om det.

Lad os for eksempel forestille os en person, som har været trofast overfor Herren, men som begynder at koncentrere sig så meget om sin virksomhed, at han undlader at gå til gudstjeneste et par søndage. Senere holder han helt op med at holde Herrens dag hellig.

Så kan Gud ikke beskytte ham, og han vil komme ud for store vanskeligheder i sin virksomhed. Han kan også blive involveret i en uventet ulykke eller sygdom, som koster ham en formue. Disse tilfælde er eksempler på plagen af hagl.

Mange mennesker anser deres formuer for at være ligeså dyrebare som deres liv. I Første Timotheusbrev 6:10 står der, at kærlighed til penge er roden til alt ondt. Det skyldes, at griskhed efter penge er skyld i mord, røveri, bortførelser, vold og mange andre forbrydelser. Til tider kan griskheden ødelægge forholdet mellem brødre, og skænderier mellem naboer skyldes ofte strid om penge. Den vigtigste årsag til konflikter mellem lande er også materiel vinding, idet begge parter stræber efter jord og ressourcer.

Selv blandt de troende er der mennesker, som ikke kan overvinde lysten til penge, så de undlader at holde Herrens dag hellig, eller de snyder, når de giver tiende. De lever dermed ikke et ordentligt kristent liv, men fjerner de sig fra frelsen.

Ligesom haglene ødelagde det meste af føden, symboliserer plagen af hagl en stor beskadigelse af den velstand, som folk anser for at være ligeså dyrebar som deres liv. Men da haglene kun falder i begrænsede områder, mister folk ikke hele deres formue.

Derigennem kan vi også mærke Guds kærlighed. Hvis vi mister hele vores formue, og slet ikke har noget tilbage, vil vi sikkert opgive fuldkommen og måske endda begå selvmord. Derfor rører Gud i starten kun en del af formuen.

Men selv om der kun er tale om en del, så vil den være stor og betydningsfuld nok til, at vi når frem til en form for indsigt. De hagl, der faldt over Egypten, var ikke bare små stykker is. De var forholdsvis store, og de faldt med høj hastighed.

Nu om dage hører man til tider i nyhederne, at der er faldet hagl på størrelse med golfkugler, hvilket har skabt tumult og overrasket mange mennesker. De hagl, der faldt over Egypten, var blevet frembragt ved Guds særlige gerning, og der slog ild ned i jorden. Det må have være en frygtelig hændelse.

Plagen af hagl kom over egypterne, fordi Farao samlede sammen af ondskab. Hvis vi har forhærdede og stædige hjerter, kan vi også komme ud for denne form for plage.

Plagen af græshopper

Træer og afgrøder tog skade, og dyr og menneske døde under haglvejret, så Farao anerkendte endelig sin fejl.

> *Da sendte Farao bud efter Moses og Aron og sagde til dem: "Denne gang erkender jeg min synd. Herren har retten på sin side; det er mig og mit folk, der er skyldige"* (Anden Mosebog 9:27).

Farao angrede på en overilet måde og bad Moses om at stoppe haglvejret.

> *"Gå i forbøn hos Herren om, at Guds torden og hagl må holde op! Så vil jeg lade jer gå; I skal ikke blive her længere"* (Anden Mosebog 9:28).

Moses vidste, at Farao stadig ikke havde forandret sig, men for at lade ham forstå at den levende Gud havde hele verden i sin hånd, løftede Moses hænderne op mod himlen.

Som Moses havde forventet, ændrede Farao igen mening så snart regn, torden og hagl var holdt op. Han havde ikke omvendt sig af hjertets grund, men forhærdede sig igen og ville ikke lade israelitterne gå.

Faraos folk forhærdede sig også. Men så fortalte Moses og Aron dem, at der ville komme en plage af græshopper, sådan som Gud havde sagt, og advarede dem om, at det ville være en af de største plager, der nogensinde var set.

"De skal dække hele landet, så man ikke kan se jorden" (Anden Mosebog 10:5).

Da blev Faraos hoffolk ramt af frygt og sagde til ham: *"Lad mændene gå, så de kan dyrke Herren deres Gud. Kan du stadig ikke indse, at Egypten går til grunde?"* (Anden Mosebog 10:7).

Så kaldte Farao Moses og Aron til sig igen. Men Moses sagde, at de ville gå med deres unge og deres gamle; med deres sønner og døtre samt får og køer, sådan at de kunne fejre Herrens fest. Da sagde Farao, at Moses og Aron havde onde intentioner, og han jog dem ud.

Så tillod Gud den ottende plage; plagen af græshopper.

"Da sagde Herren til Moses: 'Ræk din hånd ud over Egypten, så græshopperne kommer over Egypten og

æder alt, hvad der vokser i landet, alt det der blev tilbage efter haglvejret'" (Anden Mosebog 10:12).

Da Moses gjorde, som Gud havde sagt, drev Gud en østenvind ind over landet hele dagen og hele natten. Og da det blev morgen, havde østenvinden bragt græshopper med sig.

Græshopperne var så talrige, at jorden var sort af dem. De spiste alle de planter i Egypten, som var tilbage efter haglvejret, og der var ikke noget grønt tilbage i hele Egypten.

"Jeg har syndet mod Herren jeres Gud og mod jer. Tilgiv dog min synd denne ene gang og gå i forbøn hos Herren jeres Gud om, at han skal fjerne denne død fra mig!" (Anden Mosebog 10:16-17).

Da Farao for alvor blev bekymret, sendte han hurtigt bud efter Moses og Aron for at bede dem om at stoppe plagen.

Moses gik ud og bad til Gud, og der kom der en stærk vestenvind og førte alle græshopperne ud i Sivhavet. Og der blev ikke en eneste græshoppe tilbage i Egypten. Men selv denne gang gjorde Farao sig hård og lod ikke israelitterne gå.

Den spirituelle betydning af plagen af græshopper

En enkelt græshoppe er et lille insekt, men når de kommer i store sværme, kan de ødelægge alt. Egypten blev stort set ødelagt på et øjeblik af græshopperne.

> *"Græshopperne kom over hele Egypten og slog sig ned overalt i Egypten i så stor mængde, at der hverken før har været eller siden vil komme så mange græshopper. De dækkede hele landet, så jorden var sort af dem, og de åd alt det, der voksede i landet, og al den frugt på træerne, som var blevet tilbage efter haglvejret. I hele Egypten blev der intet grønt tilbage på træerne og på planterne på marken"* (Anden Mosebog 10:14-15).

Selv nu om dage kan man se denne form for sværme i Afrika eller Indien. Græshoppesværmen kan fylde op til 40 km i længde og 8 km i bredde. Hundredvis af millioner af dem kommer som en sky og æder ikke kun afgrøder, men også alle andre planter; de efterlader ingen form for grøn vegetation.

Efter plagen af hagl var der stadig nogle planter tilbage. Hveden og spelten var ikke blevet ødelagt, for de modnede senere. Og de af Faraos folk, som frygtede Guds ord, havde fået deres trælle og deres dyr til at blive indendøre, sådan at de ikke tog skade.

Græshopper ser måske ikke ud af meget, men den skade, de påfører, er langt større end skaden efter plagen af hagl, for de spiser alle de tilbageværende ting.

Plagen af græshopper henviser derfor til de former for ulykker, som ikke efterlader noget, men som fratager al velstand

Plagerne af hagl og græsshopper · 73

og alle ejendele. Den ødelægger ikke kun familien, men også arbejdspladsen og forretningsforholdene.

Til forskel fra plagen af hagl, som kun gør delvis skade, vil plagen af græshopper ødelægge alt og ruinere fuldstændigt. Med andre ord er der tale om en fuldkommen økonomisk tilintetgørelse.

Det kan for eksempel være en person, som mister hele sin formue og blive adskilt fra sin familie på grund af, at han går bankerot. Det kan også være et menneske, som lider af en langvarig sygdom og mister hele sin formue. Eller en forælder, som kommer til at skylde mange penge væk på grund af børnenes fejltagelser.

Når folk kommer ud for kontinuerlige ulykker, så er der nogle, som tror, at det er et tilfælde, men der findes ingen tilfælde i Guds øjne. Når en person udsættes for ulykker eller skader, må der være en årsag til det.

Så hvad betyder det, når troende kommer ud for disse former for ulykker? Når de hører Guds ord og lærer Guds vilje at kende, så skal de overholde ordet. Men hvis de bliver ved med at handle ondt ligesom de ikke-troende, så vil de til sidst ikke kunne undgå disse plager.

Hvis de ikke indser dette, når Gud viser dem flere forskellige tegn, så vil Gud vende ansigtet bort fra dem. Og så vil en ulykke udvikle sig til en pestilens, eller der vil bryde bylder ud. Senere vil disse mennesker komme ud for plager i stil med plagen af hagl eller plagen af græshopper.

Men de vise mennesker vil forstå, at det er Guds kærlighed, der lader dem indse deres fejl, når de kommer ud for små ulykker. Så de vil hurtigt angre og undgå større plager.

Her er en historie fra det virkelige liv. En person led under store vanskeligheder, fordi han havde forårsaget Guds vrede. En dag fik han pludselig stor gæld på grund af en brand. Hans kone kunne ikke klare presset fra kreditorerne, og forsøgte at begå selvmord. Men de kom til at kende Gud i tide og begyndte at gå i kirke.

Efter at de var blevet rådgivet af mig, adlød de Guds ord med bønner. De behagede Gud ved at udføre frivilligt arbejde i kirken. Og så blev deres problemer løst et efter et, og de led ikke længere på grund af kreditorerne. Desuden afbetalte de hele deres gæld, og de blev i stand til at bygge en forretningsbygning og købe et hus.

Men da alle deres vanskeligheder var blevet løst og de var blevet velsignet, ændredes deres hjerter. De forsagede Guds nåde og blev ligesom ikke-troende igen.

En dag faldt en del af mandens forretningsbygning sammen på grund af oversvømmelse. Der var også brand igen, og han mistede alt rent økonomisk. Da de igen havde stor gæld, måtte de tage tilbage til deres hjemby på landet. Manden havde desuden diabetes, som gav mange komplikationer.

Når vi ligesom i dette tilfælde ikke har noget tilbage, og har forsøgt med al vores viden og visdom, så må vi søge Gud med ydmyge hjerter. Hvis vi reflekterer over os selv ud fra Guds ord, angrer vores synder og omvender os, vil vi kunne genvinde den tidligere status.

Når vi har tro til at komme til Gud og overlade alt i hans hænder, vil kærlighedens Gud ikke brække det knækkede strå, men tilgive os og genoprette os. Hvis vi omvender os og lever i lyset, vil Gud lede os til velstand endnu en gang og give os endnu større velsignelser.

Kapitel 6

Plagerne af mørke og den førstefødtes død

Anden Mosebog 10:22-12:36

Moses rakte sin hånd op mod himlen, og der blev et dybt mørke over hele Egypten i tre dage. I tre dage kunne man ikke se hinanden, og ingen kunne røre sig ud af stedet. Men overalt, hvor israelitterne boede, var der lyst (10:22-23).

Ved midnat dræbte Herren alle førstefødte i Egypten, lige fra den førstefødte hos Farao, som sidder på tronen, til den førstefødte hos fangen, som sidder i fangehullet; også alt det førstefødte af kvæget blev dræbt. Den nat stod Farao og hans hoffolk op, ja, alle egypterne, og der lød et højt skrig i Egypten, for der var ikke et hus, hvor der ikke var en, der døde (12:29-30).

I Bibelen ser vi, at mange mennesker angrer for Gud og får hans hjælp, når de er blevet udsat for vanskeligheder.

Gud sendte sine profeter til kong Hizkija i kongeriget Juda og sagde: "Du skal dø og ikke leve." Men kongen bad oprigtigt med tårer, og hans levetid blev forlænget.

Ninive var hovedstad i Assyrien, som har et land, der var fjendtligt overfor Israel. Men de folket hørte Guds ord gennem hans profeter, angrede de grundigt deres synder, og byen blev dermed ikke ødelagt.

På samme måde viser Gud sin nåde overfor de mennesker, der omvender sig. Han ransager de mennesker, som søger hans medlidenhed, og viser dem stor nåde.

Farao led under forskellige plager på grund af sin ondskab, men han omvendte sig ikke, end ikke til sidst. Jo mere forhærdet han blev, jo større blev plagerne.

Plagen af mørke

Nogle mennesker siger, at de ikke kan tåle at tabe. De tror på deres egen styrke. Farao var sådan et menneske. Han anså sig selv for en gud, og kunne derfor ikke anerkende Gud.

Selv efter at han havde set, hvordan hele Egypten var blevet ødelagt, lod han ikke israelitterne gå. Han opførte sig, som om han konkurrerede med Gud. Men så tillod Gud plagen af mørke.

"Moses rakte sin hånd op mod himlen, og der blev

> *et dybt mørke over hele Egypten i tre dage. I tre dage kunne man ikke se hinanden, og ingen kunne røre sig ud af stedet. Men overalt, hvor israelitterne boede, var det lyst"* (Anden Mosebog 10:22-23).

Mørket var så dybt, at man ikke kunne se hinanden. Ingen kunne røre sig ud af stedet i tre dage. Kan vi mon overhovedet forestille os det ubehag og den frygt, egypterne må have oplevet i disse tre dage?

Det dybe mørke dækkede hele Egypten og folk måtte gå omkring i blinde. Men i Goshen, hvor israelitterne boede, var der lys.

Farao tilkaldte Moses og sagde, at han ville lade israelitterne gå. Men han sagde til Moses, at de måtte efterlade deres dyr, og kun tage af sted med sønner og døtre. Det var rent faktisk hans intention at holde på israelitterne.

Men Moses sagde, at de var nødt til at tage dyrene med sig for at ofre til Gud, og at de ikke kunne efterlade nogen, for de vidste endnu ikke, hvad de skulle ofre.

Endnu engang blev Farao vred og truede endda Moses med ordene: "Forsvind, og vov ikke at vise dig for mig igen! Den dag, du gør det, skal du dø!"

Og Moses svarede frimodigt: "Som du siger! Jeg viser mig ikke for dig igen." Og han gik sin vej.

Den spirituelle betydning af plagen af mørke

Den spirituelle betydning af plagen af mørke er spirituelt mørke, og det henviser til plagen lige før døden.

Det kan for eksempel være en sygdom, som er blevet så alvorlig, at personen ikke kan komme sig. Det er den form for plage, som kommer over de personer, der ikke angrer, selv om de mister hele deres formue, der ellers var ligeså dyrebar som livet selv for dem.

Når man står på dødens tærskel er det ligesom at stå på kanten af en klippe i totalt mørke og ikke have nogen udvej. Da man har forsaget Gud og troen, har Gud fjernet sin nåde og det spirituelle liv er kommet til en afslutning. Men Gud har stadig medlidenhed og har endnu ikke afsluttet livet.

Er der tale om en ikke-troende, kan personen komme ud i denne situation, fordi han ikke har taget imod Gud endnu, selv om han har lidt af flere forskellige sygdomme. Men er der tale om en troende, skyldes det at vedkommende ikke har overholdt Guds ord, og i stedet samlet til bunke af ondskab.

Man ser ofte, at folk bruger hele deres formue på at få deres sygdomme helbredt, men alligevel kun venter på døden. Det er de menneske, som er ramt af plagen af mørke.

De lider også af neurotiske problemer såsom depression, søvnløshed og nervesammenbrud. De føler sig hjælpeløse og har svært ved at fortsætte tilværelsen dag for dag.

Hvis de indser deres ondskab, angrer og omvender sig, vil Gud havde medlidenhed med dem og tage de fortvivlende ulykker bort fra dem.

Men i Faraos tilfælde forhærdede han sig endnu mere og satte sig op imod Gud indtil det sidste. I dag ser man det samme. Der er nogle stædige mennesker, som ikke kommer til Gud ligegyldig hvor store problemer, de er komme ud i. Selv når både de og deres familie er blevet ramt af alvorlige sygdomme, og de har mistet hele deres formue og lever i nød, vil de stadig ikke angre for Gud.

Hvis vi fortsætter med at sætte os op mod Gud, selv efter at vi er kommet ud for en lang række ulykker, så vil plagen af den førstefødtes død til sidst komme over os.

Plagen af den førstefødtes død

Gud lod Moses vide, hvad der så ville ske:

> "Endnu en plage vil jeg bringe over Farao og Egypten. Efter den vil han lade jer gå herfra. Og når han lader jer gå, vil han ligefrem jage jer ud herfra! Giv nu folket besked om, at alle, mænd og kvinder, skal bede deres naboer om ting af sølv og guld" (Anden Mosebog 11:1-2).

Moses var i den situation, at han måske ville blive dræbt, hvis han gik til Farao igen, men han gjorde det alligevel for at overlevere Guds vilje.

> *"Så skal alle førstefødte i Egypten dø, lige fra den førstefødte hos Farao, som sidder på tronen, til den førstefødte hos trælkvinden, som sidder ved kværnen; også alt det førstefødte af kvæget skal dø. I hele Egypten skal der lyde så højt et skrig, at noget lignende aldrig har lydt og heller ikke skal lyde igen"* (Anden Mosebog 11:5-6).

Og som det var blevet sagt, døde alle de førstefødte midt om natten. Ikke bare de førstefødte af Farao og hans hoffolk, men af alle i Egypten, også af alle dyr.

Der lød et højt skrig i Egypten, for det var ikke et eneste hjem, hvor der ikke var en, der døde. Plagen kom over dem, fordi Farao havde forhærdet sig og ikke ville omvende sig.

Den spirituelle betydning af plagen af den førstefødtes død

Plagen af den førstefødtes død henviser til den situation, hvor en person selv eller hans højest elskede – et barn eller et familiemedlem – dør, eller kommer ind på vejen til fuldkommen ødelæggelse uden at være i stand til at opnå frelse.

Vi ser også denne form for tilfælde i Bibelen. Israels første konge Saul var ulydig overfor Guds ord om at ødelægge Amalek. Han viste også sin arrogance overfor Gud ved selv at bringe brændoffer, hvilket kun præsterne kunne gøre. Til sidst blev han forsaget af Gud.

I denne alvorlige situation forsøgte han at dræbe sin trofaste tjener David frem for at indse sine synder og angre. Da folket fulgte David, kom kongen dybere og dybere ind i sine egne onde tanker og troede, at David ville gøre oprør mod ham.

Så selv når David spillede harpe for Saul, forsøgte kongen at dræbe ham ved at kaste et spyd efter ham. Han sendte også David ud i et slag, som det ville være umuligt for ham at vinde. Og endelig sendte han soldater til Davids hus for at dræbe ham.

Desuden slog han Guds præster ihjel, bare fordi de hjalp David. Han samlede mange onde handlinger sammen. Til sidst tabte han et slag og døde en elendig død; han døde ved egen hånd.

Og hvad med præsten Eli og hans sønner? Eli var præst i Israel i dommertiden, og burde som sådan vise et godt eksempel. Men hans sønner Hofni og Pinehas var ugudelige mennesker, som ikke kendte Gud (Første Samuelsbog 2:12).

Da deres far var præst, måtte de udføre arbejde i Guds tjeneste, men de foragtede ofringerne til Gud. De rørte offerkødet, før det blev givet til Gud, og de lå endda med de kvinder, som arbejdede ved indgangen til åbenbaringsteltet.

Hvis børn går i den forkerte retning, kan forældrene være nødt til at irettesætte dem, og hvis de ikke lytter, må forældrene anvende strengere metoder for at stoppe børnene. Dette er forældrenes pligt, hvis de i sandhed elsker deres børn. Men præsten Eli sagde kun: "Hvorfor bærer i jer sådan ad?"

Hans sønner omvendte sig ikke fra deres synder, og forbandelser faldt over hele familien. Han to sønner blev dræbt i et slag.

Da Eli hørte dette, faldt han ned af stolen og brækkede nakken, så han døde. Hans svigerdatter fik et chok, fødte for tidligt og døde efter fødslen.

Ved at se nærmere på disse tilfælde kan vi forstå, at forbandelser og tragiske dødsfald ikke bare kommer uden årsag.

Når en person lever et liv i ulydighed overfor Guds ord, så vil han eller nogle af hans familiemedlemmer gå døden i møde. Nogle mennesker kommer først tilbage til Gud, efter at de har været udsat for sådanne dødsfald.

Hvis de ikke omvender sig, selv efter at de har oplevet plagen af den førstefødtes død, så kan de aldrig frelses, og dette er den største plage. Så man skal angre sine synder, før der kommer plager, eller hvis plagerne allerede er kommet, skal man angre, før det er for sent.

I Faraos tilfælde anerkendte han først Gud med frygt og lod israelitterne gå, efter at han havde lidt under alle ti plager.

Da tilkaldte Farao Moses og Aron om natten og sagde: "Skynd jer bort fra mit folk, både I og

> *israelitterne, og gå ud og dyrk Herren, sådan som I har krævet. Tag både jeres får og jeres køer med, sådan som I har krævet, og gå så! Men bed om velsignelse også for mig!"* (Anden Mosebog 12:31-32).

Gennem de ti plager viste Farao klart sit forhærdede hjerte, og blev tvunget til at løslade israelitterne. Men han fortrød hurtigt og ændrede mening igen. Så tog han hele sin hær og sine vogne og satte efter israelitterne.

> *"Så lod han spænde for vognen og tog sin hær med sig. Han tog seks hundrede stridsvogne og alle andre vogne i Egypten med vognkæmpere på dem alle sammen. Herren gjorde egypterkongen Farao hård, så han satte efter israelitterne. Men israelitterne drog uforfærdet ud"* (Anden Mosebog 14:6-8).

Det var godt nok at underlægge sig Gud efter at have oplevet de førstefødtes død, men Farao fortrød hurtigt, at han havde sendt israelitterne bort. Han tog sin hær og satte efter dem. Derigennem kan vi se, hvor hårdt og beregnende et menneskes hjerte kan være. Til sidst kunne Gud ikke længere tilgive ham, og havde ikke andet valg end at lade ham dø i vandet i det Røde Hav.

> *"Men Herren sagde til Moses: 'Ræk din hånd ud over havet, så vandet vender tilbage over egypterne,*

over deres vogne og ryttere.' Moses rakte sin hånd ud over havet, og ved daggry vendte havet tilbage til sit normale leje. På deres flugt kom egypterne lige imod det, og Herren styrtede egypterne ud i havet. Vandet vendte tilbage og lukkede sig over alle vognene og rytterne i Faraos hær, som var fulgt med ud i havet. Der blev ikke en eneste af dem tilbage" (Anden Mosebog 14:26-28).

Også i dag vil onde mennesker bede om en chance til, når de er i vanskeligheder. Men når de så rent faktisk får en chance, vender de tilbage til deres ondskab. Når ondskaben fortsætter på denne måde, vil de til sidst møde døden.

Liv i ulydighed og liv i lydighed

Der er en meget vigtig ting, som vi må forstå klart: Det er, at når vi har gjort noget forkert og indser det, så må vi ikke føje yderligere ondt til vores ondskab, men i stedet gå på retfærdighedens vej.

I Første Petersbrev 5:8-9 står der: *"Vær årvågne og på vagt! Jeres modstander, Djævelen, går omkring som en brølende løve og leder efter nogen at sluge; stå imod ham, faste i troen, I ved jo, at de samme lidelser rammer jeres brødre her i verden."*

Og i Første Johannesbrev 5:18 står der også: *"Vi ved, at*

enhver, som er født af Gud, ikke synder, men han, som selv blev født af Gud, bevarer ham, og den Onde kan ikke røre ham."

Så hvis vi undlader at begå synder, men i stedet lever fuldkommen efter Guds ord, vil Gud beskytte os med sine flammende øjne, sådan at vi ikke skal bekymre os om noget.

Rundt omkring os kan vi se mennesker, som kommer ud for alle former for ulykker, men de forstår slet ikke, hvorfor de må gennemgå disse vanskeligheder. Vi kan også se nogle troende, som lider under trængsler.

Nogle kommer ud for plager af blod og myg, andre undergår plager af hagl og græshopper. Endnu andre må møde plagen af den førstefødtes død og de må desuden opleve den plage at blive begravet i vand.

Vi bør derfor undgå at leve et liv i ulydighed ligesom Farao, men i stedet være lydige, sådan at vi ikke vil blive udsat for nogen af disse plager.

Selv om vi er i en situation, hvor vi ikke kan undgå at opleve plagen af den førstefødtes død eller plagen af mørke, kan vi blive tilgivet, hvis vi angrer og omvender os med det samme. Men ligesom den egyptiske hær blev begravet i det Røde Hav, vil der komme et tidspunkt, hvor det er for sent, hvis vi udsætter det for længe og ikke omvender os.

Om liv i *lydighed*

Hvis du adlyder Herren din Gud, og omhyggeligt følger alle hans befalinger, som jeg giver dig i dag, vil Herren din Gud ophøje dig over alle jordens folk. Alle disse velsignelser skal komme over dig og nå dig, hvis du adlyder Herren din Gud: Velsignet være du i byen, og velsignet være du på marken. Velsignet være frugten af dine moderliv og frugten af din jord og frugten af dit kvæg, dine oksers afkom og dine fårs tillæg. Velsignet være din kurv og dit dejtrug. Velsignet være du, når du kommer hjem, og velsignet være du, når du går ud
(Femte Mosebog 28:1-6).

Kapitel 7

Påske og vejen til frelse

Anden Mosebog 12:1-28

Herren sagde til Moses og Aron i Egypten: "Denne måned skal være jeres nytårsmåned. I skal regne den for den første af årets måneder. Sig til hele Israels menighed: Den tiende dag i denne måned skal man tage et lam eller et kid til hver husstand i fædrenehuset" (1-3).

"I skal tage vare på det til den fjortende dag i denne måned. Så skal hele Israels menighed slagte det, lige inden mørket falder på. De skal tage noget af blodet og komme det på de to dørstolper; og på overliggeren i de huse, hvor de spiser det. De skal spise kødet samme nat; de skal spise det stegt med usyrnede brød og bitre urter til. I må ikke spise noget af det råt eller kogt; det skal være stegt, med hoved, skanke og indvolde. I må ikke levne noget af det til om morgenen. Hvad der er tilovers om morgenen, skal I brænde. Sådan skal I spise det: I skal have kjortlen bundet op om lænderne og have sandaler på fødderne og stav i hånden; i al hast skal I spise det. Det er påske for Herren" (6-11).

Vi kan se, at Farao og hans hoffolk fortsatte deres liv i ulydighed overfor Guds ord indtil dette tidspunkt.

Først kom der mindre plager over hele Egypten. Da de fortsatte med ulydigheden, blev de påført sygdomme, deres formue forsvandt, og til sidst mistede de livet.

Omvendt led Israels udvalgte folk ikke under nogen plager, selv om de levede i det samme land, Egypten.

Da Gud gik gennem Egypten og tog liv med den sidste plage, var ingen israelitter, som mistede livet. Det skyldtes, at Gud havde ladet israelitterne kende vejen til frelse.

Den galt ikke kun for Israels folk, som levede i Egypten for flere tusind år siden, men er også gyldig for alle os, som lever i dag.

Vejen til at undgå plagen af den førstefødtes død

Før plagen af den førstefødtes død kom over Egypten, fortalte Gud israelitterne, hvordan de kunne undgå den.

> "Sig til hele Israels menighed: Den tiende dag i denne måned skal man tage et lam eller et kid til hver husstand i fædrenehuset" (Anden Mosebog 12:3).

Lige fra plagen af blod til plagen af mørke beskyttede Gud israelitterne med sin kraft, selv om folket ikke selv havde gjort noget for det. Men før den sidste plage ville Gud se et tegn på lydighed fra Israels folk.

De skulle tage et lam og smøre noget af dets blod på de to dørstolper og på overliggeren til huset, og så skulle de spise lammet stegt over ild. Dette var det tegn, som skulle udskille de gudelige mennesker, når Gud dræbte de førstefødte af alle mennesker og dyr i Egypten.

Da den sidste plage gik udenom de huse, hvor der var smurt blod fra lam på dørstolpen, fejrer jøderne stadig denne dag som påsken, hvor de blev frelst.

I dag er påsken den største fest for jøderne. De spiser lam, usyrnet brød og bitre urter for at fejre dagen. Dette vil blive forklaret i yderligere detaljer i kapitel 8.

Tag et lam

Gud sagde til dem, at de skulle tage et lam, fordi lammet i spirituel betydning står for Jesus Kristus.

Generelt set bliver de mennesker, som tror på Gud, kaldt hans "får." Mange mennesker tror, at et "lam" er en person, der er ny i troen, men i Bibelen kan vi se, at "lammet" henviser til Jesus Kristus.

I Johannesevangeliet 1:29 siger Johannes Døberen følgende med henvisning til Jesus: *"Se, dér er Guds lam, som bærer verdens synd."* Og i Første Petersbrev 1:18-19 står der: *"I ved*

*jo, at det ikke var med forgængelige ting som sølv eller guld,
I blev løskøbt fra det tomme liv, I havde overtaget fra jeres
fædre, men med Kristi dyrebare blod som af et lam uden plet
og lyde."*

Jesu karakter og gerninger minder os også om et blidt lam, som der står i Matthæusevangeliet 12:19-20: *"Han skændes ikke, han råber ikke, man hører ikke hans røst i gaderne. Det knækkede rør sønderbryder han ikke, den osende væge slukker han ikke, til han har ført retten til sejr."*

Ligesom fårene kun hører deres hyrdes stemme og kun følger ham, adlød Jesus med "ja" og "amen" overfor Gud (Johannesåbenbaringen 3:14). Han ønskede kun at fuldføre Guds vilje indtil det sidste, hvor han døde på korset (Lukasevangeliet 22:42).

Et lam giver os blød pels, mælk med et højt næringsindhold og kød. På samme måde blev Jesus ofret som sonoffer for at genforene os med Gud, og han udgød al sit vand og blod på korset.

I mange dele a f Bibelen bliver Jesus således sammenlignet med at lam. Da Gud instruerede israelitterne i ritualerne for påsken, fortalte han dem også detaljeret, hvordan de skulle arrangere spisningen af lammet.

"Hvis en husstand er for lille til et dyr, skal den være fælles med den nærmeste nabo om et dyr efter antallet af personer; I skal beregne det efter, hvad

hver enkelt kan spise. Det skal være et lydefrit dyr, et årgammelt handyr; I kan tage det fra fårene eller fra gederne" (Anden Mosebog 12:4-5).

Hvis en familie var for fattig, eller hvis der ikke var nok familiemedlemmer til at spise et helt lam, så kunne de tage et lam fra enten får eller geder og dele det med nærmeste nabofamilie. Vi kan her se Guds følsomme kærlighed, som rummer en overflod af medfølelse.

Når Gud sagde, at de skulle tage et lydefrit handyr, som var et år gammelt, skyldes det at kødet er mere lækkert, hvis dyret endnu ikke er kønsmodent. Og ligesom med mennesker er det i ungdommen, at dyrene er smukkest og renest.

Da Gud er hellig og ikke har plet eller lyde, sagde han, at de skulle tage et lam på det tidspunkt, hvor det er smukkest, når det er et år gammelt.

Smør blod på døren og gå ikke ud før om morgenen

Gud sagde, at de skulle tage et lam alt efter antallet af personer i husstanden. I Anden Mosebog 12:6 ser vi, at de ikke skulle dræbe lammet med det samme, men tage vare på det i fjorten dage, og derefter slagte det lige inden mørket faldt på. Gud gav dem en tid til at forberede sig på det med oprigtige hjerter.

Så hvorfor sagde Gud, at de skulle slagte lammet lige inden

mørket faldt på?

Den menneskelige kultivering, som begyndte med Adams ulydighed, kan generelt kategoriseres i tre dele: Fra Adam til Abraham var der omkring 2000 år, og denne periode er begyndelsen af den menneskelige kultivering. Sammenligner man kultiveringen med en dag, svarer denne periode til morgenen.

Derefter udpegede Gud Abraham som trosfader, og fra da Abrahams tid og indtil Jesus kom til jorden, gik der også omkring 2000 år. Dette svarer til middagen.

Fra Jesu tid på jorden og indtil i dag er der igen gået omkring 2000 år. Dette er afslutningen på den menneskelige kultivering og dagens skumring (Første Johannesbrev 2:18; Judas' brev 1:18; Hebræerbrevet 1:2; Første Petersbrev 1:5; 20).

Den tid, hvor Jesus kom til jorden for at forløse os fra vores synder gennem sin død på korset, tilhører den sidste æra i den menneskelige kultivering, og det var derfor, Gud sagde, at de skulle slagte lammet i skumringen og ikke i dagens løb.

Så skulle folk smøre blodet fra lammet på de to dørstolper og på overliggeren (Anden Mosebog 12:7). Blodet fra lammet henviser spirituelt set til Jesu Kristi blod, og Gud sagde, at de skulle smøre det på dørstolperne og overliggeren, fordi vi frelses ved Jesus blod. Han forløste os fra vores synder og frelste vores liv; dette er den spirituelle betydning af ovenstående påbud.

Det blod, som forløser os fra vores synder, er helligt, og derfor skulle israelitterne ikke smøre det på dørtærsklen, som folk træder på, men kun på dørstolperne og overliggeren.

Jesus sagde: *"Jeg er døren. Den, der går ind gennem mig, skal blive frelst; han skal gå ind og gå ud og finde græsgange"* (Johannesevangeliet 10:9). Det var som sagt sådan, at den nat, hvor plagen af den førstefødtes død kom over Egypten, ramte døden alle de husstande, som ikke havde blod på dørstolperne. Men der, hvor der var smurt blod på huset, var der ingen død.

Selv om de smurte blod på huset, kunne de dog ikke frelses, hvis de gik udenfor (Anden Mosebog 12:22). For hvis de gik ud, betød det, at de ikke adlød Guds ord, og så måtte de møde plagen af den førstefødtes død.

Spirituelt set symbolisere det at være "uden for døren" det samme som at være i mørket: At man ikke har kontakt med Gud. Det er en verden af usandhed. Ligeledes kan man heller ikke frelses, hvis man forlader Herren, selv om man én gang har taget imod ham.

Lammet skal steges og spises helt

I alle egypternes husstande var der nogen, der døde, og der lød et højt skrig over hele Egypten. Også hos Farao, som ikke frygtede Gud, selv efter at have Gud havde vist mange af sine kraftfulde gerninger for alle egypterne, lød der et højt skrig i nattens dybe stilhed.

Men israelitterne gik ikke udenfor en dør før næste morgen.

De blev inde og spiste deres lam i overensstemmelse med Guds ord. Hvorfor skulle de spise lammet sent om aftenen? Det har en dyb spirituel betydning.

Før Adam spiste af kundskabens træ, levede han under kontrol af Gud, som er lys, men da han var ulydig og spiste fra træet, blev han syndens tjener. Af den grund kom alle hans efterkommere, hele menneskeheden, under kontrol af den fjendtlige djævel og Satan, mørkets hersker. Denne verden tilhører derfor mørket eller natten.

Ligesom israelitterne måtte spise lammet sent om aftenen, så må vi, der spirituelt set lever i en mørk verden spise Menneskesønnens kød, som er ordene fra Gud, der er lys, og drikke hans blod, sådan at vi kan opnå frelse. Gud fortalte detaljeret israelitterne, hvordan de skulle spise kødet. De måtte spise det med usyrnet brød og bitre urter (Anden Mosebog 12:8).

Gær er en form for svamp, som man bruger til at få brødet til at hæve, og det fermenterer maden og gør den mere blød og lækker. Brød uden gær er mindre lækkert end gærbrød.

Da der var tale om en desperat situation, hvor det drejede sig om liv og død, lod Gud dem spise lammet med det mindre lække usyrnede brød og bitre urter for at lade dem mindes denne dag.

Gær henviser også til synder og ondskab i spirituel betydning. At spise et usyrnet brød uden gær symboliserer derfor at leve uden synder og ondskab for at opnå livets frelse.

Gud sagde, at israelitterne skulle stege lammet over ilden, og hverken spise det råt eller kogt. Desuden skulle det tilberedes med både hoved, skanke og indvolde (Anden Mosebog 12:9).

At "spise det råt" betyder her at fortolke Guds dyrebare ord bogstaveligt.

Der står for eksempel i Matthæusevangeliet 6:6: *"Men når du vil bede, så gå ind i dit kammer og luk din dør og bed til din fader, som er i det skjulte. Og din fader, som ser i det skjulte, skal lønne dig."* Hvis vi fortolker det bogstaveligt, skal vi gå ind på et kammer, lukke døren og bede. Men vi ser ikke noget sted i Bibelen, at der er gudelige mennesker, som beder i et kammer bag en lukket dør.

Udtrykket "at gå ind i sit kammer og lukke døren" betyder, at vi ikke må have unyttige tanker, men at vi skal bede af hele hjertet.

Hvis vi spiser råt kød, kan vi let få en infektion af f.eks. parasitter, eller vi kan få ondt i maven. Fortolker vi Guds ord bogstaveligt, kan der opstå misforståelser, og dette kan medføre problemer. Så kan vi ikke have spirituel tro, og dette vil få os endnu længere væk fra frelsen.

At "koge kødet i vand" betyder at blande Guds ord med filosofi, videnskab, lægekundskab eller menneskelig tænkning. Hvis vi koger kød i vand, vil kødsaften komme ud af det, og der vil være et tab af næringsstoffer. På samme måde kan det ske, at hvis vi blander denne verdens viden med sandhedens ord, så kan vi få tro som viden, men vi kan ikke få spirituel tro. Det vil derfor ikke føre os til frelse.

Så hvad betyder det at stege lammet over ild?
Ild står her for Helligåndens ild. Guds ord blev skrevet med Helligåndens inspiration, og derfor bør vi høre eller læse det med Helligåndens fylde og inspiration. Ellers vil det blive til viden, og vi kan ikke få det som spirituelt brød.

For at spise Guds ord stegt over ild, må vi bede indtrængende. Bøn er som olie, og det er kilden til Helligåndens fylde. Når vi tager imod Guds ord med Helligåndens inspiration, vil det være sødere end honning. Det betyder, at vi lytter til ordet med tørstige hjerter, ligesom et rådyr længes efter en kilde med vand. Vi føler således, at den tid, hvor vi lytter til Guds ord, er dyrebar, og vi vil aldrig opleve det som kedeligt.

Men hvis vi lytter til Guds ord, og derefter blander det med menneskelig tænkning, egne erfaringer eller viden, så vil vi måske ikke forstå ret meget.

For eksempel fortæller Gud os, at hvis nogen slår os på den ene kind, så skal vi vende den anden til, og hvis nogen beder om en kjortel, så skal man også lade ham få kappen. Hvis nogen vil tvinge os til at følge ham en mil, så skal vi gå to med ham. Mange mennesker tror, at det er i orden at hævne sig, men Gud siger, at vi skal elske selv vores fjender, være ydmyge og tjene andre (Matthæusevangeliet 5:39-44).

Derfor må vi bryde vores tankemønstre og tage imod Guds

ord med Helligåndens inspiration. Først da vil ordet blive vores liv og styrke, sådan at vi vil være i stand til at skille os af med usandhed og lade os vejlede på vejen til det evige liv.

Generelt smager kød bedre, når vi steger det over ild, og på den måde undgår vi også infektioner. På samme måde kan djævlen, vores fjende, og Satan ikke arbejde, når vi tager imod ordet med Helligåndens inspiration, for de mennesker, som tager imod Guds ord på spirituel vis, vil føle, at det er sødere end honning.

Gud befalede desuden israelitterne, at de skulle spise lammet med hoved, skanke og indvolde. Det betyder, at vi må tage imod alle de 66 bøger i Bibelen, og ikke udelukke nogen af dem.

Bibelen indeholder skabelsens oprindelse og forsynet for den menneskelige kultivering, som har væres skjult siden før tiden begyndelse. Bibelen indeholder Guds vilje.

At "spise lammet med hoved, skanke og indvolde" betyder derfor, at vi skal tage Bibelen som et hele fra Første Mosebog til Johannesåbenbaringen.

Der må ikke levnes til om morgenen, og der skal spises i hast

Israels folk spiste lammet, der var stegt over ild i deres hjem, og de forlod ikke hjemmet før om morgenen. Der står desuden i Anden Mosebog 12:10: *"I må ikke levne noget af det til om morgenen. Hvad der er til overs om morgenen, skal I brænde."*

Morgen er den tid, hvor mørket forsvinder og lyset kommer. Spirituelt set er der tale om tiden for Herrens genkomst. Efter at han kommer tilbage, kan vi ikke forberede vores olie (Matthæusevangeliet 25:1-13), så vi må tage Guds ord til os og praktisere det med flid, før Herre Jesus kommer.

Vi mennesker lever normalt kun i 70-80 år, og vi ved ikke, hvornår vores liv vil slutte. Vi må derfor være flittige med at udføre ordet til enhver tid.

Israels folk måtte tage af sted fra Egypten efter plagen af den førstefødtes død, og Gud fortalte dem derfor, at de skulle spise i al hast.

> *"Sådan skal I spise det: I skal have kjortlen bundet op om lænderne og have sandaler på fødderne og stav i hånden; i al hast skal I spise det. Det er påske for Herren"* (Anden Mosebog 12:11).

Dette betød, at de skulle være klar til at tage af sted fuldt påklædt og med sko på. At have kjortlen bundet op om lænderne og have sandaler på betyder at være parat.

Vi må også være vågne og parate, hvis vi vil opnå frelse gennem Jesus Kristus i denne verden, der ligesom Egypten er ramt af plager, og komme ind det himmelske rige, der er som Kana'ans forjættede land.

Gud sagde også til Israelitterne, at de skulle have deres stav i hånden, for staven symboliserer tro. Når vi går eller klatrer op af et bjerg, er det nemmere og mere sikkert, hvis vi har en stav, og der er mindre risiko for at falde.

Moses blev givet en stav, fordi han ikke havde fået Helligånden i hjertet. Gud gav Moses staven, som stod for tro. På denne måde kunne Israels folk opleve Guds kraft gennem et objekt, som de kunne se med deres fysiske øjne, og gerningerne omkring flugten fra Egypten kunne gennemføres.

Nu om dage må vi også have spirituel tro for at komme ind i det himmelske rige. Vi kan kun opnå frelse, når vi tror på Herre Jesus Kristus, som døde på korset uden synd, og genopstod. Den fuldkomne frelse opnås, når vi praktiserer Guds ord ved at spise Herrens kød og drikke hans blod.

Desuden er tiden for Herrens genkomst meget nær. Så vi må adlyde Guds ord og bede inderligt, sådan at vi altid kan vinde i slaget mod mørkets kræfter.

> *"Tag derfor Guds fulde rustning på, for at I kan stå imod på den onde dag, overvinde alt og bestå. Så stå da fast, spænd sandheden som bælte om lænden, og ifør jer retfærdighed som brynje, og tag som sko på fødderne villighed til at på med fredens evangelium. Overalt skal I løfte troens skjold, hvormed I kan slukke alle den ondes brændende pile. Grib frelsens hjelm og Åndens sværd, som er Guds ord"*
> (Efeserbrevet 6:13-17).

Kapitel 8

Omskæring og Nadver

Anden Mosebog 12:43-51

Herren sagde til Moses og Aron: "Dette er forordningen om påskelammet" (43).

"Men ingen uomskåret må spise af det" (48).

"Én og samme lov skal gælde både for landets egne og for den fremmede, der bor som gæst blandt jer" (49).

Netop den dag førte Herren israelitterne ud af Egypten i deres hærskarer (51).

Omskæring og Nadver · 107

Fejringen af påsken er blevet overholdt i den længste sammenhængene periode for nogen fejring i verden, i mere end 3500 år. Den blev grundlaget for etableringen af landet Israel.

Påske er פסח (Pesach) på hebræisk, og det betyder at forbigå eller tilgive noget. Det vil sige, at mørkets skygge gik forbi Israels huse, hvor dørstolpen og overliggeren var blevet smurt ind i blod fra lammet, da plagen af den førstefødtes død kom over Egypten.

I Israel gør man selv i dag rent i hele huset før påsken, og fjerner alt det syrnede brød fra huset. Selv de små børn kigger under sengene og bag ved møblerne med lommelygter for at fjerne ethvert stykke bolle eller brød, der indeholder gær. Og alle steder spiser man i overensstemmelse med reglerne for påsken. Familiens overhoved minder alle om baggrunden for påskefesten, og de fejre flugten fra Egypten.

"Hvorfor spiser vi Matzo (usyrnet brød) i aften?"

"Hvorfor spiser vi Maror (bitre urter) i aften?"

"Hvorfor spiser vi persille, der er dyppet i saltvand to gange? Hvorfor spiser vi bitre urter med Harosheth (en rødlig form for marmelade, der symboliserer lermassen som blev brugt til at lave mursten i Egypten)?"

"Hvorfor ligger vi ned og spiser påskemåltidet?"

Den, der leder ceremonien, forklarer, at man spiser usyrnet

brød for at mindes, at israelitterne måtte forlade Egypten i al hast. Han forklarer også, at man spiser bitre urter for at mindes slaveriets pinsler i Egypten, og at man spiser persille dyppet i saltvand for at huske de tårer, der blev fældet i Egypten.

Da deres forfædre slap for slaveriet, spiser de nu deres mad i liggende stilling for at udtrykke frihed og glæde over at være i stand til at lægge sig tilbage, mens de spiser. Og når familieoverhovedet fortæller historien om de ti plager i Egypten, holder alle familiemedlemmerne en smule vin i munden, og når navnet på en plage nævnes, spytter de vinen ud i en særlig skål.

Den første påske fandt sted for over 3500 år siden, men gennem påskemåltidet har selv børnene en mulighed for at opleve flugten fra Egypten. Jøderne overholder stadig denne fest, som Gud etablerede for tusindvis af år siden.

Den kraft, som fik jøderne til at komme tilbage til deres land og genoprette det, selv om de var spredt ud over hele verden, ligger i dette.

Kvalifikationer for at deltage i påskefesten

Den nat, hvor plagen af den førstefødtes død kom over Egypten, blev israelitterne frelst fra døden ved at overholde Guds ord. Men de måtte opfylde en bestemt betingelse for at deltage i påskefesten.

Omskæring og Nadver · 109

Herren sagde til Moses og Aron: "Dette er forordningen om påskelammet: Ingen fremmed må spise af det. Enhver træl, der er købt, og som du har ladet omskære, må spise af det. Ingen tilflytter eller daglejer må spise af det. Det skal spises i ét og samme hus; du må ikke bringe noget af kødet ud af huset. I må ikke knuse nogen af dets knogler. Hele Israels menighed skal deltage. Når en fremmed bor som gæst hos dig og vil holde påske for Herren, skal alle af mandkøn hos ham omskæres. Så må han være med til det, og han skal være som en af landets egne. Men ingen uomskåret må spise af det. Én og samme lov skal gælde både for landets egne og for den fremmede, der bor som gæst blandt jer" (Anden Mosebog 12:43-49).

Kun de personer, som var omskåret, kunne spise påskelammet, for omskæring er en afgørende hændelse i livet, og er spirituelt set relateret til frelsen.

Omskæring er helt eller delvist at fjerne forhuden på penis, og det gøres på 8. dag efter fødslen på alle drengebørn i Israel.

I Første Mosebog 17:9-10 står der: *"Og Gud sagde til Abraham: 'Du og dine efterkommere skal overholde pagten i slægt efter slægt. Dette er min pagt med dig og dine efterkommere, som I skal holde: Alle af mandkøn hos jer skal omskæres.'"*

Da Gud gav sin pagt med velsignelse til Abraham, troens

forfader, bad han ham udføre omskæring som tegn på overholdelse af pagten. De mennesker, som ikke var omskåret, kunne ikke blive velsignet.

> *I skal lade jeres forhud omskære, og det skal være tegn på pagten mellem mig og jer. Otte dage gammel skal hver dreng hos jer omskæres, slægt efter slægt. Det gælder såvel den træl, der er født i dit hus, som enhver fremmed, du har købt, og som ikke hører til din slægt. Både den, der er født i dit hus, og den, du har købt, skal omskæres. Sådan skal I bære min pagt på kroppen som en evig pagt. Men en uomskåret mand, en hvis forhud ikke er omskåret, skal udryddes fra sit folk. Han har brudt min pagt* (Første Mosebog 17:11-14).

Hvorfor befalede Gud israelitterne at lade sig omskære på ottende dag?

Når et barn bliver født efter at have været i sin moders skød i ni måneder, så er det svært for det at tilpasse sig det nye miljø, fordi alt er så anderledes. Cellerne er stadig svage, men efter 7 dage begynder de at vænne sig til de nye miljø, selv om de stadig ikke er særlig aktive.

Hvis forhuden skæres af på dette tidspunkt, vil smerten være minimal, og såret vil hurtigt lukke sig. Men når personen vokser op, bliver huden hård, og det vil være langt mere smertefuldt.

Gud befalede israelitterne at foretage omskæringen på ottende dag efter fødslen, sådan at det ville hjælpe barnets sundhed og vækst, og samtidig være et tegn på hans pagt.

Omskæring er direkte relateret til livet

I Anden Mosebog 4:24-26 står der: *"I et herberg undervejs overfaldt Herren ham [Moses] og ville slå ham ihjel. Da tog Sippora en flintekniv og skar sin søns forhud af. Hun berørte hans kønsdele og sagde: 'Nu er du min blodbrudgom!' Så slap Herren Moses. Det var den gang, hun brugte ordet blodbrudgom om omskærelsen."*

Hvorfor ville Gud slå Moses ihjel?
Vi kan kun forstå det, når vi forstår Moses' fødsel og opvækst. På den tid var der en ordre om at dræbe alle nyfødte drengebørn af hebræerne for at ødelægge israelitterne.

Så da Moses blev født, skjulte hans mor ham. Og til sidst lagde hun ham i en sivkurv og satte ham ud på Nilen. Ved Guds forsyn blev han opdaget af en Egyptisk prinsesse, som adopterede ham, og han blev dermed prins. Men han var ikke i en situation, hvor han blev omskåret.

Selv da han blev kaldet som leder af flugten fra Egypten, var han stadig ikke omskåret. Derfor forsøgte Guds engel at slå ham ihjel. Omskæring er direkte relateret til livet: Hvis en person ikke er omskåret, har han ingen forbindelse med Gud.

I Hebræerbrevet 10:1 står der: *"Loven [...] indeholder en skygge af de kommende goder, og ikke selve tingenes skikkelse."* Loven henviser her til det Gamle Testamente og "kommende goder" er det Nye Testamente, budskabet om Jesus Kristus.

Skyggen og tingenes skikkelse er forbundne, og de kan ikke eksistere uden hinanden. Guds befaling om omskæring i det Gamle Testamente, som varslede, at man ville blive udryddet fra sit folk uden omskæring, gælder derfor på samme måde for os i nutiden.

Til forskel fra tidligere skal vi dog ikke længere gennemføre en omskæring i fysisk forstand, men derimod rent spirituel, hvilket er en omskæring af hjertet.

Fysisk omskæring og omskæring af hjertet

I Romerbrevet 2:28-29 står der: *"For jøde er man ikke i det ydre, og omskærelse er ikke det, som ses på kroppen. Jøde er man i det indre, og omskåret er den, som er det i sit hjerte, i Ånden, ikke efter bogstaven. Hans ros kommer fra Gud, ikke fra mennesker."* Fysisk omskæring er kun en skygge, og det oprindelige billede i det Nye Testamente er omskæring af hjertet, for det er det, som giver os frelse.

På gammeltestamentlig tid modtog man ikke Helligånden, og man kunne derfor ikke skille sig af med usandheden i hjertet. Folk viste derfor, at de tilhørte Gud, ved at lade sig omskære fysisk. Men i nytestamentlig tid er det sådan, at når vi tager imod Jesus Kristus, kommer Helligånden ind i vores hjerter, og den hjælper os med at leve ved sandheden, sådan at vi kan skille os af med det usande i hjertet.

At omskære hjertet på denne måde er det samme som at følge befalingen i det gamle testamente om at omskære kroppen. Det er også at overholde påsken.

"Omskær jer for Herren, fjern jeres hjertes forhud"
(Jeremias' Bog 4:4).

Så hvad betyder det at fjerne hjertets forhud? Det er at overholde alle Guds ord, som fortæller os, hvad vi skal gøre og ikke gøre, og hvad vi skal overholde og skille os af med.

Vi skal lade være med at gøre de ting, som Gud fortæller os, at vi ikke skal gøre: "Man må ikke hade, man må ikke dømme eller fordømme, man må ikke stjæle, og man må ikke begå utroskab." Vi skal også overholde visse ting og skille os af med andre ting: "Man skal skille sig af med alle former for ondskab, man skal overholde sabbatten og man skal overholde Guds befalinger."

Og endelig skal vi gøre de ting, som Gud siger, at vi skal gøre: "Man skal prædike budskabet, bede, tilgive, elske osv." Ved at gøre dette skiller vi os af med al usandhed, ondskab, lovløshed og mørke i hjertet, og gør det rent, sådan at vi kan blive fyldt med sandheden.

Omskæring af hjertet og fuldkommen frelse

På Moses' tid blev påsken etableret, for at Israelitterne skulle undgå de førstefødtes død før flugten fra Egypten. Det betyder dog ikke, at man bliver frelst for evigt bare ved at deltage i påskefesten.

Hvis man blev frelst til evig tid af påsken, så ville alle de israelitter, som kom ud af Egypten, være kommet ind i landet, som flød med mælk og honning, Kana'ans land.

Men virkeligheden var, at de voksne, som var over 20 år på tidspunktet for flugten fra Egypten, ikke udviste tro og lydige gerninger, med undtagelse af Josva og Kaleb. De var i den generation, som måtte være i ørkenen i 40 år og dø dér uden at se det velsignede land Kana'an.

Det er det samme i dag. Selv om vi har taget imod Jesus Kristus, og er blevet Guds børn, så er det ikke fuldstændig garanteret til evig tid. Det betyder bare, at vi er kommet indenfor frelsens grænser.

Så ligesom de fyrre års prøvelser var nødvendige for israelitterne for at komme ind i Kana'ans land, så er vi nødt til at gennemgå en proces for at blive omskåret med Guds ord, sådan at vi kan opnå evig frelse.

Når vi først har taget imod Jesus Kristus som vores personlige frelser, får vi Helligånden. Men det betyder ikke, at vores hjerter vil være fuldkommen rene. Vi må blive ved med at omskære vores hjerter, indtil vi opnår fuldkommen frelse. Først når hjertet, som er livets kilde, er fuldkommen rent, kan vi opnå frelsen fuldt ud.

Vigtigheden af at omskære hjertet

Først når vi renser os for synder og ondskab med Guds ord, og skærer det onde bort med Helligåndens sværd, kan vi blive hellige børn af Gud og føre liv, som er frie for ulykke.

Desuden må vi omskære vores hjerter for at kunne sejre i spirituelle slag. Selv om vi ikke kan se det, foregår der konstant en voldsom kamp mellem de gode ånder, som tilhører Gud, og de onde ånder.

I Efeserbrevet 6:12 står der: *"Thi for os står kampen ikke mod kød og blod, men mod myndigheder og magter, mod verdensherskerne i dette mørke, mod ondskabens åndemagter i himmelrummet."*

Hvis vi skal vinde dette spirituelle slag, er det absolut nødvendigt at have rene hjerter. For i den spirituelle verden ligger kraften i syndeløshed. Det er derfor, Gud ønsker at omskære vores hjerter, og han fortæller os mange gange om vigtigheden af omskæring.

> *"Mine kære, hvis vort hjerte ikke fordømmer os, har vi frimodighed over for Gud, og hvad vi end beder om, får vi af ham, fordi vi holder hans bud og gør det, som behager ham"* (Første Johannesbrev 3:21-22).

Vi må omskære vores hjerter, sådan at vi kan få svar på problemerne i vores liv såsom sygdom og fattigdom. Først når vi har rene hjerter, vil vi have frimodighed overfor Gud og få det, vi beder om.

Påske og nadver

Det er først, når vi gennemgår en omskæring, at vi kan deltage i påsken. Dette er i dag relateret til nadveren. Påsken er en fest, hvor man spiser lammets kød, og nadveren er at spise brød og drikke vin, der symboliserer Jesu kød og blod.

> *Jesus sagde til dem: "Sandelig, sandelig siger jeg jer: Hvis I ikke spiser Menneskesønnens kød og drikker hans blod, har I ikke liv i jer. Den, der spiser mit kød og drikker mit blod, har evigt liv, og jeg skal oprejse ham på den yderste dag"* (Johannesevangeliet 6:53-54).

Menneskesønnen henviser her til Jesus, og Menneskesønnens kød henviser til Bibelens 66 bøger. At spise Menneskesønnens kød betyder at tage sandhedens ord til sig, som de er skrevet i Bibelen.

Og ligesom vi har brug for væske for at hjælpe fordøjelsen af maden, bør vi drikke, når vi spiser Menneskesønnens kød, sådan at vi kan fordøje det ordentligt.

At drikke Menneskesønnens blod betyder at have sand tro og at praktisere Guds ord. Når først vi har hørt ordet og lært det at kende, så er det ikke til nogen nytte før os, hvis ikke vi praktiserer det.

Hvis vi forstår Gud ord i Bibelens 66 bøger og praktiserer det, så vil sandheden komme ind i vores hjerter og blive absorberet, ligesom næringsstofferne i maden absorberes i kroppen. Så vil synder og ondskab blive udskilt som affald, og vi vil havde fuldstændig kærlige hjerter.

Når hjertet fyldes med fred og retfærdighed, vil skænderier, diskussioner, splid, foragt og uretfærdighed forsvinde.

Kvalifikationer for at deltage i nadveren

På tiden for flugten fra Egypten var de menneske, som blev omskåret, kvalificerede til at deltage i påsken, så de kunne undgå de førstefødtes død. I dag må vi tage imod Jesus Kristus som vores frelser og modtage Helligånden. Så bliver vi forseglet som Guds børn og får retten til at deltage i nadveren.

Men påsken var kun frelse fra de førstefødtes død. Israelitterne måtte stadig vandre i ørkenen for at opnå fuldkommen frelse. På samme måde må vi stadig gennemgå en proces for at opnå evig frelse, selv om vi har modtaget Helligånden og kan deltage i nadveren. Da vi er kommet til frelsens port ved at tage imod

Jesus Kristus, må vi adlyde Guds ord. Vi må marchere frem mod det himmelske rige og den evige frelse.

Hvis vi begår synder, kan vi ikke deltage i nadveren, hvor vi spiser og drikker den hellige Herres kød og blod. Vi må først ransage os selv, angre alle vores synder og rense vore hjerter.

> *"Den, der spiser Herrens brød eller drikker hans bæger på en uværdig måde, forsynder sig derfor imod Herrens legeme og blod. Enhver skal prøve sig selv, og så spise af brødet og drikke af bægeret. For den, der spiser og drikker uden at agte på legemet, spiser og drikker sig en dom til"* (Første Korintherbrev 11:27-29).

Nogle siger, at kun de mennesker, som er døbt med vand, kan deltage i nadveren. Men når vi tager imod Jesus Kristus, får vi Helligånden som gave. Vi har alle rettighed til at blive Guds børn.

Så hvis vi har fået Helligånden og er blevet Guds børn, kan vi deltage i naveren, efter at vi har angret vores synder, selv om vi endnu ikke er døbt med vand.

Gennem nadveren husker vi endnu engang Herrens nåde, da han hang på korset og udgød sit blod for os. Vi bør også ransage os selv og lære at praktisere Guds ord.

I Første Korintherbrev 11:23-25 står der: *"For jeg har modtaget fra Herren og også overleveret til jer, at Herren*

Jesus den nat, han blev forrådt, tog et brød, takkede, brød det og sagde: 'Dette er mit legeme, som gives for jer; gør dette til ihukommelse af mig!' Ligeså tog han også bægeret efter måltidet og sagde: 'Dette bæger er den nye pagt ved mit blod; gør dette, hver gang I drikker det, til ihukommelse af mig!'"

Jeg tilskynder derfor til at indse den sande betydning af påsken og nadveren, og flittigt spise og drikke Herrens kød og blod, sådan at man kan skille sig af med alle former for ondt og opnå en fuldkommen omskæring af hjertet.

Kapitel 9

Flugten fra Egypten og festen med usyrnet brød

Anden Mosebog 12:15-17

"Syv dage skal I spise usyrnede brød. I skal sørge for, at al surdej er fjernet fra jeres huse allerede den første dag, for enhver, der spiser syrnet brød fra den første til den syvende dag, det menneske skal udryddes fra Israel. På den første dag skal I holde hellig festforsamling, og på den syvende dag skal I holde hellig festforsamling. De dage må der ikke udføres noget arbejde. Kun det, hver enkelt skal have at spise, må I tilberede. Bestemmelsen om de usyrnede brød skal I overholde, for netop den dag førte jeg jeres hærskarer ud af Egypten. Som en eviggyldig ordning skal I holde denne dag, slægt efter slægt."

"Lad os tilgive, men ikke glemme"

Denne sætning er skrevet ved indgangen til Yad Vashem Holocaust Museum i Jerusalem. Det står til minde om de seks millioner jøder, som blev dræbt af nazisterne under Anden Verdenskrig, og for ikke at gentage samme historie.

Israels historie er bygget på minder. I Bibelen fortæller Gud israelitterne, at de skal huske fortiden, holde den i hu, og bevare den i generationer.

Efter at israelitterne blev frelst fra den førstefødtes død ved at overholde påsken, blev de ført ud af Egypten, og Gud befalede dem at overholde festen med det usyrnede brød. Dette er en evig ordning for dem, for at mindes den dag, de blev sat fri fra trældommen i Egypten.

Den spirituelle betydning af flugten fra Egypten

Dagen for flugten fra Egypten er ikke bare den dag, Israels folk genvandt deres frihed for mange tusind år siden.

Det Egypten, hvor israelitterne levede som trælle, symboliserer denne verden, som er under den fjendtlige djævels og Satans kontrol. Ligesom israelitterne blev forfulgt og behandlet dårligt mens de var trælle i Egypten, lider folk i dag under smerter og sorger, som skyldes djævlen og Satan. Dette gælder særligt de mennesker, som endnu ikke har lært Gud at kende.

Da israelitterne så de ti plager, som fandt sted gennem Moses, lærte de Gud at kende. De fulgte Moses ud af Egypten for at nå frem til Kana'ans land, som Gud havde lovet deres forfader Abraham.

Det kan sammenlignes med de nutidige mennesker, som før har levet uden Gud, men som har taget imod Jesus Kristus.

Da israelitterne flygtede fra Egypten, var de trælle, og det kan sammenlignes med nutidige mennesker, som slippe fri fra deres trældom under djævlen og Satan ved at tage imod Jesus Kristus og blive Guds børn.

Og den rejse, som israelitterne foretog for at komme til Kana'ans land, der flød med mælk og honning er ikke anderledes end den rejse i troen, som de troende må foretage for at komme til himlens rige.

Kana'ans land, der flyder med mælk og honning

Efter flugten fra Egypten ledte Gud ikke israelitterne direkte til Kana'ans land. De måtte først rejse gennem ørkenen, fordi der var en stærk nation ved navn Filistia på den korteste vej til Kana'an.

For at komme gennem deres land, måtte de gå i kamp mod filistrene. Og Gud vidste, at hvis de gjorde dette, så ville de mennesker, der ikke havde tro, tage tilbage til Egypten.

På samme måde bliver de mennesker, som netop har taget imod Jesus Kristus, ikke givet sand tro lige med det samme. Så hvis de står overfor en test, der er lige så stor som den stærke nation Filistia og filistrene, vil de måske ikke overvinde den, og i stedet forsage troen.

Det er derfor, Gud siger: *"De fristelser, der har mødt jer, er kun menneskelige. Og Gud er trofast; han vil ikke tillade, at I fristes over evne, men vil sammen med fristelsen også skabe udvej, så I ikke bukker under"* (Første Korintherbrev 10:13).

Ligesom israelitterne vandrede i ørkenen indtil de nåede Kana'ans land, ligger der en lang rejse i troen foran os, når vi er blevet Guds børn, sådan at vi når himmeriget.

Selv om ørkenen var barsk, så tog de mennesker, der havde tro, ikke tilbage til Egypten, for de så frem til at opnå den frihed, fred og overflod i Kana'ans land, som de ikke havde haft i Egypten. Det er det samme for os i dag.

Selv om vi til tider må gå på en snæver og besværlig vej, tror vi på den smukke herlighed i det himmelske rige. Så vi anser ikke troens løb for at være vanskeligt, men overvinder alt med Guds hjælp og kraft.

Efter de ti plager kunne Israels folk endelig begynde rejsen mod Kana'ans land, som flød med mælk og honning. De kunne nu efterlade det land, hvor de havde levet i mere end 400 år, og begynde deres vandring i troen under Moses' lederskab.

Det var folk, som tog sig af det kvæg, der skulle med. Andre læssede det tøj, sølv og guld, som de havde fået af Egypterne. Nogle pakkede den usyrnede dej, mens andre tog sig af børn og ældre. Forsamlingen af israelitter, som skyndte sig for at blive klar til at komme af sted, var enorm.

> *Israelitterne brød nu op fra Ramses og drog mod Sukkot, omkring 600.000 foruden deres familier. Der var også en stor og broget flok, som fulgte med dem. Dertil kom en mængde får og køer. Af den dej, de tog med fra Egypten, bagte de usyrnede brød, for den var ikke syrnet. De blev jo jaget ud af Egypten og fik ikke tid til noget; de fik end ikke sørget for proviant* (Anden Mosebog 12:37-39).

Denne dag var deres hjerter fulde af frihed, håb og frelse. Gud befalede dem at overholde festen med usyrnet brød slægt efter slægt for at fejre denne dag.

Festen med usyrnet brød

Indenfor kristendommen fejrer man i dag påsken i stedet for festen med usyrnet brød. Påsken bliver fejret for at takke Gud for at tilgive alle vores synder gennem Jesu korsfæstelse. Vi fejrer også, at det denne dag blev muligt for os af komme ud af mørket og ind i lyset ved hans genopstandelse.

Festen med usyrnet brød er en af de tre vigtigste fester i Israel. Den fejres til minde om, at folket blev ført ud af Egypten ved Guds hånd. De spiser usyrnet brød i syv dage, som begynder aftenen før påsken.

Farao skiftede ikke mening, selv efter at han og hans folk havde lidt under så mange plager. Til sidst måtte Egypten lide under de førstefødtes død, og Farao mistede selv sin førstefødte søn. Han tilkaldte hurtigt Moses og Aron, og befalede dem at forlade Egypten med det samme. Så de havde ikke engang tid til at syrne brødet. Derfor måtte de spise usyrnet brød.

Og Gud befalede derefter israelitterne at spise usyrnet brød for at mindes lidelsernes tid og takke for at være blevet sat fri fra trældommen.

Påsken er en fest, der afholdes for at mindes, at israelitterne blev frelst fra de førstefødtes død. De spiser lam, bitre urter og usyrnet brød. Dermed mindes de, at de måtte spise usyrnet brød i en uge i ørkenen, efter at de havde forladt Egypten i al hast.

Israelitterne holder i dag fri i en hel uge for at overholde påsken, inklusiv festen med usyrnet brød.

> *Du må ikke spise syrnet brød til; i syv dage skal du spise usyrnede brød, trængselsbrød, for i al hast drog du ud af Egypten. Så længe du lever, skal du huske på den dag, du drog ud af Egypten* (Femte Mosebog 16:3).

Den spirituelle betydning af festen med usyrnet brød

> *Syv dage skal I spise usyrnede brød. I skal sørge for, at al surdej er fjernet fra jeres huse allerede den*

første dag, for enhver, der spiser syrnet brød fra den første til den syvende dag, det menneske skal udryddes fra Israel (Anden Mosebog 12:15).

Den første dag henviser her til dagen for frelse. Efter at israelitterne var blevet frelst fra de førstefødtes død og var kommet ud af Egypten, måtte de spise usyrnet brød i syv dage. På samme måde må vi i spirituel betydning spise usyrnet brød for at opnå de fuldkomne frelse, efter at vi har taget imod Jesus Kristus og har fået Helligånden.

At spise usyrnet brød betyder i spirituel forstand at forsage verden og vælge den snævre vej. Efter at vi har taget imod Jesus Kristus, må vi ydmyge os selv og gå ad den snævre vej for at opnå den fuldkomne frelse med ydmyge hjerter.

At spise syrnet brød i stedet for usyrnet brød er at tage den brede og nemme vej i stræben efter meningsløse ting i denne verden. En person, som vælger denne vej, vil indlysende nok ikke blive frelst. Derfor siger Gud, at de mennesker, som ikke spiser usyrnet brød, vil blive udryddet fra Israel.

Så hvilken lektion kan vi i dag lære af festen med usyrnede brød?

Før det første må vi altid huske på og takke for Guds kærlighed og frelsens nåde, som vi frit har fået ved Jesu Kristi forløsning.

Israelitterne mindes trældommen tid i Egypten ved at spise usyrnet brød i syv dage og takke Gud, for at han har frelst dem. På samme måde må vi troende, som er de spirituelle israelitter, huske den kærlighed og nåde, hvormed Gud har ledt os på vejen til evigt liv og takke til enhver tid.

Vi må mindes den dag, hvor vi mødte og oplevede Gud, og den dag, hvor vi blev født igen med vand og Ånd, og takke Gud med tanke på hans nåde. Dette er det samme som at overholde festen med usyrnet brød på et spirituelt niveau. De mennesker, som i sandhed har gode hjerter, vil aldrig glemme den nåde, som Herren har vist dem. Dette er menneskets pligt og det smukke hjertes gode gerning.

Med et godt hjerte vil vi aldrig glemme kærligheden og nåden, men takke for hans nåde og glæde os, uanset hvor vanskelig den aktuelle realitet måtte være.

Dette var tilfældet med Habakkuk, som virkede under kong Josijas regeringstid omkring år 600 før Kristus.

> *For figentræet sætter ikke blomst, vinstokken bærer ikke frugt; olivenhøsten slår fejl, marken giver ingen afgrøde. Fårene er forsvundet fra folden, der er intet kvæg i indhegningen. Jeg vil juble over Herren og fryde mig over min frelses Gud* (Habakkuk 3:17-18).

Profeten Habakkuk levede i landet Juda, som stod overfor faren fra kaldæerne (babylonerne), og han måtte se sit land gå under. Men i stedet for at fortvivle, lovsagde han Gud og takkede.

På samme måde må vi være taknemmelige af hjertets grund uanset hvilket situation vi befinder os i, for vi er blevet frelst af Guds nåde uden nogen omkostning.

For det andet må vi ikke fortsætte et vanemæssigt liv i troen eller gå tilbage til en tidligere livsform, og vi må heller ikke leve et kristent liv, som hverken er i fremgang eller forandring.

Hvis man er uentusiastisk i sit kristne liv er det det samme som at forblive, som man er. Der er tale om et liv i stagnation uden bevægelse eller forandring. Det betyder, at man har en lunken, vanemæssig tro. Den udvises i troens formaliteter, men uden omskæring af hjertet.

Hvis vi er kolde i troen, kan vi få en form for straf fra Gud, sådan at vi kan ændre os og blive fornyet. Men hvis vi er lunkne, går vi på kompromis med verden og forsøger ikke at skille os af med vores synder. Vi forlader ikke Gud bevidst eller med lethed, for vi har fået Helligånden og vi ved, at himlen og helvede eksisterer.

Hvis vi mærker vores mangler, kan vi bede til Gud om dem. Men de mennesker, som er lunkne i troen, udviser ikke nogen entusiasme. De er kun "kirkegængere"

De oplever måske vanskeligheder eller føler sig fortvivlede eller angste i hjertet, men som tiden går, vil selv disse fornemmelser forsvinde.

"Men nu, da du er lunken, og hverken varm eller kold, vil jeg udspy dig af min mund" (Johannesåbenbaringen 3:16). Disse mennesker kan som sagt ikke blive frelst. Derfor får Gud os til at overholde forskellige fester fra tid til anden for at undersøge vores tro og lade os nå et fuldkomment og modent mål af tro.

For det tredje må vi altid fastholde den første kærlighed. Hvis vi har mistet den, må vi tænke over, hvornår vi er faldet, angre og hurtigt genoprette de første gerninger.

Enhver, som har taget imod Herre Jesus, kan opleve den første kærligheds nåde. Guds nåde og kærlighed er så stor, at hver dag i livet vil være til glæde og fornøjelse.

Ligesom forældre forventer at deres børn vokser og udvikler sig, så forventer Gud, at hans børn får en stadig fastere tro og når et stadigt større mål af tro. Men hvis vi mister den første kærlighed, kan vores entusiasme og hengivenhed svækkes. Selv om vi beder, så gør vi det måske kun af pligtfølelse.

Indtil vi når et fuldkomment niveau af hellighed, kan vi til enhver tid miste vores første kærlighed, hvis vi giver Satan vores hjerter. Så hvis vi har mistet den brændende kærligheds nåde, må vi finde årsagen til dette, og hurtigt angre og omvende os.

Mange mennesker siger, at det kristne liv er en snæver og vanskelig vej, men i femte Mosebog 30:11 står der: *"For det, jeg i dag befaler dig, er dig hverken ufatteligt eller fjernt."* Når vi indser Guds sande kærlighed, er det troende livs rejse ikke svært. For den nuværende lidelse kan slet ikke sidestilles med den herlighed, som senere venter os. Og vi kan være lykkelige bare ved at forestille os denne herlighed.

Da vi er de troende, som lever i de sidste dage, bør vi altid adlyde Guds ord og leve i lyset. Hvis vi tager troens snævre vej i stedet for verdens brede vej, vil vi blive i stand til at komme ind i Kana'ans land, som flyder med mælk og honning.

Gud vil give os frelsens nåde og den første kærligheds glæde. Han vil velsigne os til at opnå helliggørelse gennem vores vandring i troen. Og han vil lade os opnå det evige himmelske rige.

Kapitel 10

Liv i lydighed og velsignelser

Femte Mosebog 28:1-6

"Hvis du adlyder Herren din Gud og omhyggeligt følger alle hans befalinger, som jeg giver dig i dag, vil Herren din Gud ophøje dig over alle jordens folk. Alle disse velsignelser skal komme over dig og nå dig, hvis du adlyder Herren din Gud: Velsignet være du i byen, og velsignet være du på marken. Velsignet være frugten af dine moderliv og frugten af din jord og frugten af dit kvæg, dine oksers afkom og dine fårs tillæg. Velsignet være din kurv og dit dejtrug. Velsignet være du, når du kommer hjem, og velsignet være du, når du går ud."

Historien om flugten fra Egypten har en værdifuld lære. Ligesom plagerne kom over Farao og egypterne for deres ulydighed, måtte Israels folk lide under prøvelser og fattigdom på vejen til Kana'ans land, fordi de ikke fulgte Guds vilje.

De blev frelst fra plagen af den førstefødtes død gennem påsken. Men da de ikke havde drikkevand og mad på vej til Kana'an, begyndte de at beklage sig.

De lavede en guldkalv og tilbad den, og havde ikke tiltro til, at de ville nå det land, der var blevet dem lovet. De gjorde endda modstand mod Moses. Alt dette skyldtes, at de ikke så på vejen mod Kana'an med troens øjne.

Resultatet var, at hele den første generation, der var udvandret fra Egypten, døde i ørkenen, undtagen Josva og Kaleb. Kun Josva og Kaleb troede på Guds løfte og adlød ham, og de gik ind i Kana'ans land med anden generation af udvandrene fra Egypten.

Velsignelsen at komme ind i Kana'ans land

Den første generation, som udvandrede fra Egypten, var født og opvokset i den ikke-jødiske kultur i Egypten, og de havde mistet meget af troen på Gud. Der var en stor del ondskab i deres hjerter, og de undergik forfølgelser og lidelser.

Men den anden generation af de israelitter, som udvandrede fra Egypten, var blevet undervist i Guds ord, fra de var små. De havde set mange af Guds kraftfulde gerninger, så de var anderledes indstillet end deres forældres generation.

De forstod, hvorfor deres forældres generation ikke kunne komme ind i Kana'ans land, men måtte blive i ørkenen i 40 år. De var fuldt ud parate til at adlyde Gud og deres leder med sand tro.

Til forskel fra deres forældres generation, som ustandseligt beklagede sig, selv om de havde oplevet adskillige af Guds gerninger, sværgede de, at de ville adlyde fuldstændigt. De bekræftede, at de ville adlyde Josva, som efterfulgte Moses ved Guds vilje.

> *"Ligesom vi adlød Moses i et og alt, vil vi adlyde dig. Gid Herren din Gud må være med dig, som han var med Moses. Enhver, som trodser din befaling og ikke adlyder dine ord, skal lide døden. Vær du blot modig og stærk"* (Josvabogen 1:17-18).

De 40 år, hvor israelitterne vandrede rundt i ørkenen, var ikke kun en straf. Det var også en spirituel træning for anden generation af udvandrene, som ville komme ind i Kana'ans land.

Før Gud velsignelser os, lader han os gennemgå mange forskellige former for spirituel træning, sådan at vi kan have spirituel tro. Det skyldes, at uden spirituel tro kan vi ikke opnå frelse, og vi kan heller ikke komme ind i himmeriget.

Hvis Gud gav os velsignelser før vi havde spirituel tro, så ville de fleste af os sandsynligvis vende tilbage til verden. Så Gud viser os de forbløffende gerninger ved sin kraft, og til tider lader han os gennemgå flammende prøver, sådan at vores tro kan vokse.

Den første forhindring i troen, som den anden generation kom ud for, var Jordenfloden. Floden løb mellem Moabs sletter og Kana'ans land, og på den tid var strømmen stærk, og vandet løb ofte ud over bredderne.

Så hvad sagde Gud? Han befalede præsterne at bære pagtens ark, og at gå forrest, sådan at de var de første, der trådte ud i floden. Da folket hørte Guds vilje gennem Josva, marcherede de mod Jordanfloden uden tøven, med præsterne forrest.

De troede på den alvidende og almægtige Gud, så de kunne adlyde uden nogen form for tvivl eller klage. Resultatet var, at så snart præsterne, som bar arken, trådte ud i vandet i flodbredden, stoppede strømmen og de kunne krydse floden, som var det tør grund.

De ødelagde også byen Jeriko, som ellers efter sigende var et uindtageligt fort. Til forskel fra nutiden havde de ikke kraftige våben, så det var næsten umuligt at ødelægge de stærke mure, som bestod af to lag.

Det ville have været en enorm vanskelig opgave at ødelægge muren selv med al deres styrke, men Gud befalede dem at marchere rundt om byen en gang om dagen i seks dage På syvende dag skulle de så stå tidligt op og marchere rundt om byen syv gange, og derefter råbe højt.

Fjendes hær stod på vagt øverst på muren, men selv i denne

situation begyndte anden generation af udvandrene uden tøven at marchere rundt om bymuren.

Det ville have været let for fjenden at skyde dem ned med pile eller at være gået til angreb. Men selv i denne farlige situation adlød israelitterne Gud, og marcherede rundt om byen. Selv stærke mure falder, når Israels folk adlyder Guds ord.

Velsignelser opnås gennem lydighed

Med lydighed kan man gennemgå alle former for omstændigheder. Det er vejen til at påkalde Guds forbløffende kraft. Fra et menneskeligt perspektiv kan vi måske tro, at det er umuligt at adlyde bestemte ting. Men i Guds øjne er der ikke noget, vi ikke kan adlyde, og Gud er almægtig.

For at vise denne form for lydighed må vi høre og forstå Guds ord fulds ud med Helligåndens inspiration, ligesom vi må stege lammet over ild.

Og ligesom Israels folk har overholdt påsken og festen med usyrnet brød slægt efter slægt, må vi altid huske Guds ord og holde det i hu. Vi må nemlig hele tiden omskære vores hjerter med Guds ord, og skille os af med synder og ondskab med vores taknemmelighed for frelsens nåde.

Først da vil vi blive givet sand tro og kunne udvise fuldkommen lydige handlinger.

Der er mange ting, som vi ikke kan adlyde, hvis vi tænker

med teorier, viden eller almindelig menneskelig sund fornuft. Men Guds vilje for os skal stadig adlydes selv i disse ting. Når vi udviser denne from for lydighed, vil Gud vise os sine storslåede gerninger og vidunderlige velsignelser.

I Bibelen ser man mange mennesker, som fik utrolige velsignelser gennem deres lydighed. Daniel og Josef blev velsignet, fordi de havde fast tro på Gud, og de fastholdt Guds ord indtil døden. Gennem trosfaderen Abrahams liv kan vi også se, at Gud er tilfreds med de mennesker, som adlyder.

Velsignelser til Abraham

Herren sagde til Abram: "Forlad dit land og din slægt og din fars hus, og drag til det land, jeg vil vise dig. Jeg vil gøre dig til et stort folk og velsigne dig. Jeg vil gøre dit navn stort, og du skal være en velsignelse" (Første Mosebog 12:1-2).

På den tid var Abraham 75 år gammel, så han var bestemt ikke ung. Det var ikke let for ham at forlade sit land og alle sine slægtning, for han havde ikke nogen sønner, som kunne arve ham.

Gud fortalte ham heller ikke, hvor han skulle tage hen. Han befalede ham kun at tage bort. Det ville have været meget vanskeligt at adlyde på baggrund af almindelig menneskelig tænkning. Abraham måtte efterlade alt, hvad han havde samlet sammen, og tage til et fuldkommen fremmed sted.

Det er ikke let at efterlade alt, man har, og tage til et fuldkommen nyt sted, selv om der er en forsikring om fremtiden. Og hvis fremtiden er uklar, er det næsten umuligt for de fleste mennesker. Men Abraham adlød uden videre.

Og der var en anden lejlighed, hvor Abrahams lydighed skinnede endnu klarere. Gud lod Abraham prøve for at se hans fuldkomne lydighed og for at velsigne ham.

Gud befalede Abraham at ofre sin eneste søn Isak. Isak var en dyrebar søn for Abraham. Han satte ham højere end sig selv, men adlød alligevel uden tøven.

Vi ser i Første Mosebog 22:3, at da Gud havde talt til Abraham, stod denne tidligt op den næste dag og forberedte sig på at ofre til Gud. Derefter tog han hen til det sted, Gud havde befalet ham.

Denne gang var det tale om en endnu større lydighed, end da han måtte forlade sit land og sin faders hus. I første omgang måtte han adlyde uden helt at kende Guds vilje. Men da Gud sagde, at han skulle ofre sin søn Isak, forstod han Guds hjerte og adlød hans vilje. I Hebræerbrevet 11:17-19 står der, at Abraham troede, at selv om han ofrede sin søn som brændoffer, ville Gud genoplive ham, for han var den sæd, som Gud havde lovet.

Gud frydede sig over Abrahams tro, da ham så ham forberede offeret. Da Abraham bestod denne test, kaldte Gud ham for sin ven og gav ham store velsignelser.

Selv i dag er der mangel på vand i Israel. Og der var endnu større vandmangel på den tid i Kana'ans land. Men hvor som helst Abraham gik, var der vand i overflod. Og selv hans nevø Lot, som boede hos ham, fik denne store velsignelse.

Abraham havde meget kvæg, og både sølv og guld. Han var rig. Da hans nevø Lot blev taget til fange, tog Abraham 318 mænd, der var født som hans trælle, og reddede Lot. Alene af dette kan vi fornemme, hvor rig han var.

Abraham adlød Guds ord. Både hans jord og hans nabolag var velsignet, og de mennesker, der var med ham, blev også velsignet.

Gennem Abraham fik hans søn Isak også mange velsignelser, og hans efterkommere var så talrige, at de kunne danne en nation. Desuden fortalte Gud ham, at han ville velsigne enhver, som velsignede ham og forbande enhver, som forbandede ham. Han var så respekteret, at selv kongerne i nabolandende betalte skat til ham.

Abraham fik alle former for velsignelser, som man kan få på denne jord, inklusiv velstand, berømmelse, magt, helbred og børn. Som der står i kapitel 28 af Femte Mosebog, blev han velsignet, når han kom hjem, og velsignet, når han gik ud.

Han blev en kilde til velsignelser og troens fader. Desuden havde han en grundig forståelse af Guds hjerte, og Gud kunne opfatte ham som en ven. Dette er en vidunderlig velsignelse!

Da Gud er kærlighed, ønsker han, at alle skal blive som Abraham og opnå en velsignet og ophøjet position. Det er derfor,

Gud har efterladt os detaljerede optegnelser om Abraham. Enhver, som følger hans eksempel og adlyder Guds ord, kan få de samme velsignelser som Abraham, når de kommer hjem, og når de går ud.

Kærlighed og retfærdighed fra Gud, som ønsker at velsigne os

Indtil nu har vi set på de ti plager, som kom over Egypten, og på påsken, som var vejen til frelse for israelitterne. Gennem dette kan vi forstå, hvorfor vi kommer ud for ulykker, hvordan vi kan undgå dem, og hvordan vi kan blive frelst.

Hvis vi lider under problemer eller sydomme, må vi indse, at dette oprindelig skyldes vores ondskab. Vi må derfor hurtigt ransage os selv, angre, og skille os af med alle former for ondskab. Gennem Abraham kan vi også se hvilke former for vidunderlige og utænkelige velsignelser, Gud giver til de mennesker, som adlyder ham.

Alle former for ulykker har en årsag. Alt efter i hvor høj grad, vi indser årsagen med hjertet, omvender os fra synder og ondskab, og forandre os, vil resultaterne være vidt forskellige. Nogle mennesker vil bare betale bøden for det, de har gjort galt, mens andre vil finde mørket og ondskaben i deres hjerte gennem lidelserne, og dermed gøre det til en mulighed for at ændre sig.

I Femte Mosebog 28, kan vi se en sammenligning mellem velsignelser og forbandelser, som vil komme over os alt efter, om vi er lydige eller ulydige overfor Guds ord.

Gud ønsker at velsigne os, men som han siger i Femte Mosebog 11:26: *"Se, jeg stiller jer i dag over for velsignelsen og forbandelsen."* Valget er vores. Hvis vi sår bønner, vil der komme bønner op. Og hvis vi lider under ulykker, som Satan har bragt os, er det på samme måde et resultat af vores synder. I dette tilfælde har Gud ladet ulykkerne finde sted i overensstemmelse med sin retfærdighed.

Forældre ønsker, at det skal gå deres børn godt, så de siger: "Studer flittigt", "lev et redeligt liv", "Overhold alle trafikregler" og så videre. Med samme sind har Gud givet os sine befalinger, og han vil, at vi skal adlyde dem. Forældre ønsker ikke, at deres børn skal være ulydige, sådan at de kommer på afveje. Og det er heller ikke Guds vilje, at vi skal lide under problemer.

Jeg beder derfor i Herre Jesu Kristi navn om, at I hver især vil indse, at Guds vilje for sine børn ikke er ulykke, men velsignelser. Gennem et liv i lydighed vil man blive velsignet, når man kommer hjem, og når man går ud, og alt vil gå godt.

Forfatteren:
Dr. Jaerock Lee

Dr. Jaerock Lee blev født i Muan, Jeonnam provinsen, i den koreanske republik i 1943. Da han var i tyverne, led han af en række uhelbredelige sygdomme syv år i træk, og ventede på døden uden håb om bedring. Men en dag i foråret 1974 tog hans søster ham med i kirke, og da han knælede for at bede, helbredte den Levende Gud straks alle hans sygdomme.

Fra det øjeblik hvor Dr. Lee mødte den Levende Gud gennem denne vidunderlige oplevelse, elskede han Gud oprigtigt af hele sit hjerte, og i 1978 blev han kaldet som Guds tjener. Han bad indtrængende om klart at forstå og opfylde Guds vilje, og adlød alle Guds bud. I 1982 grundlagde han Manmin Centralkirke i Seoul, Korea, og siden da har utallige af Guds gerninger fundet sted i denne kirke, inklusiv mirakuløse helbredelser og undere.

I 1986 blev Dr. Lee ordineret som pastor ved den årlige forsamling for Jesu Sungkyul kirke i Korea, og fire år senere i 1990 begyndte hans prædikener at blive udsendt til Australien, Rusland, Filippinerne og mange andre steder gennem det Fjernøstlige Udsendelsesselskab, Asiatisk Udsendelsesstation og Washington Kristne Radio.

Tre år senere i 1993 blev Manmin Centralkirke placeret på Top 50 for kirker over hele verden af magasinet *Christian World* i USA, og Dr. Lee modtog et æresdoktorat i guddommelighed fra Fakulteter for Kristen Tro i Florida, USA, og i 1996 en Ph.D i præsteembede fra Kingsway Teologiske Seminar, Iowa, USA.

Siden 1993 har Dr. Lee været en førende person i verdensmissionen gennem mange oversøiske kampagner i Tanzania, Argentina, Los Angeles, Baltimore City, Hawaii, New York City, Uganda, Japan, Pakistan, Kenya, Filippinerne, Honduras, Indien, Rusland, Tyskland, Peru, Congo, Israel og Estland.

I 2002 blev han anerkend som en "verdensomspændende pastor" af en større kristen avis i Korea på grund af hans kraftfulde virke under mange oversøiske kampagner. Hans kampagne i New York 2006, som blev afholdt i Madison Square Garden, verdens mest berømte arena, skal særligt fremhæves. Dette arrangement blev udsendt til 220 forskellige lande. Desuden afholdt han en Fælles Kampagne i Israel i 2009 på det Internationale Kongrescenter (ICC) i Jerusalem, hvor han frimodigt forkyndte at Jesus Kristus er Messias og Frelser.

Hans prædikener bliver udsendt til 176 lande via satellitter, deriblandt GCN TV, og han er komme med på listen over de "10 mest indflydelsesrige kristne ledere" i 2009 og 2010 af det populære kristne russiske blad I sejr og nyhedsbureauet Christian Telegraph for hans kraftfulde virke over TV og som pastor for kirken i udlandet.

På nuværende tidspunkt (maj 2014) er Manmin Centralkirke en menighed med mere end 120.000 medlemmer. Der er 10.000 søsterkirker over hele kloden, inklusiv 56 i Korea og mere end 129 missionærer udsendt til 23 lande, inklusiv USA, Rusland, Tyskland, Canada, Japan, Kina, Frankrig, Indien, Kenya og mange flere.

Indtil nu har Dr. Lee skrevet 85 bøger, blandt andet bestsellerne *En smagsprøve på det evige liv før døden; Mit liv, min tro I&II; Budskabet fra korset; Målet af tro; Himlen I&II; Helvede; Vågn op, Israel* og *Guds kraft* og hans værker er blevet oversat til mere end 75 sprog.

Hans kristne artikler er udsendt i *Hankook Ilbo, JoongAng Daily, The Chosun Ilbo, Dong-A Ilbo, Munhwa Ilbo, Seoul Shinmun, Kyunghyang Shinmun, The Korea Economic Daily, The Korea Herald, Shisa News* og *The Christian Press.*

Dr. Lee er for øjeblikket leder af mange missionsorganisationer og foreninger, blandt andet bestyrelsesformand for Korea Forenede Hellighedskirke, Præsident for Manmin verdensmission, Præsident for Foreningen for Missionen for Verdensomspændende Kristen Vækkelse, Grundlægger og bestyrelsesformand for det Globale Kristne Netværk (GCN), Grundlægger og Bestyrelsesformand for Verdensnetværket af Kristne Læger (WCDN) og Grundlægger og Bestyrelsesformand for Manmin Internationale Seminar (MIS).

Andre stærke bøger af samme forfatter

Himlen I & II

En detaljeret skitse af det prægtige liv som de himmelske borgere vil nyde, og en beskrivelse af forskellige niveauer af himmelske riger.

Budskabet fra Korset

En stærk vækkelsesbesked til alle menneske, som sover i spirituel forstand. I denne bog vil du se årsagen til, at Jesus er den eneste Frelser, og fornemme Guds sande kærlighed.

Helvede

En indtrængende besked til hele menneskeheden fra Gud, som ikke ønsker at en eneste sjæl skal falde i helvedes dyb! Du vil opdage en redegørelse, som aldrig før er blevet offentliggjort, over de barske realiteter i Hades og helvede.

Ånd, Sjæl og Krop I & II

Gennem en åndelig forståelse af ånd, sjæl og krop, som er menneskets komponenter, kan læserne få indblik i deres "selv" og opnå indsigt i selve livet. Denne bog viser læserne genvejen til at deltage i den guddommelige natur og få alle de velsignelser, som Gud har lovet.

Målet af Tro

Hvilken slags himmelsk bolig og hvilken slags krans og belønninger er blevet gjort klar i himlen? Denne bog giver visdom og vejledning til at måle sin tro, og kultivere den bedste og mest modne tro.

Vågn op, Israel

Hvorfor har Gud holdt øje med Israel fra verdens begyndelse indtil nu? Hvad er hans forsyn for de sidste dage for Israel, som venter på Messias?

Mit Liv, Min Tro I & II

En velduftende spirituel aroma, som er et ekstrakt af den uforlignelige kærlighed til Gud, som blomstrede op midt i mørke bølger, under det tungeste åg og i den dybeste fortvivlelse.

Guds Kraft

En essentiel vejledning, hvorved man kan opnå sand tro og opleve Guds forunderlige kraft. En bog, som må læses.

---

www.urimbooks.com

www.ingramcontent.com/pod-product-compliance
Lightning Source LLC
LaVergne TN
LVHW092047060526
838201LV00047B/1273